A literatura como turismo

João Cabral de Melo Neto

A literatura como turismo

Seleção e texto de Inez Cabral

Copyright © 2016 by herdeiros de João Cabral de Melo Neto
Copyright © 2016 by Inez Cabral de Melo

*Grafia atualizada segundo o Acordo Ortográfico da Língua Portuguesa de 1990,
que entrou em vigor no Brasil em 2009.*

Capa
Gustavo Soares

Foto de capa
DR/Ramón Couderc. Todos os esforços foram realizados para contatar o fotógrafo. Como
não foi possível, teremos prazer em creditá-lo caso se manifeste.

Foto da p. 6
Foto de Inez Cabral com o pai, João Cabral de Melo Neto, nos anos 1950, a bordo do
Argentina Star, com as marcas de corte feitas para publicação em um periódico da época
(Acervo da família).

Imagem da p. 90
Cartão de visitas com anotações à mão de João Cabral de Melo Neto (Acervo da família).

Preparação
Eduardo Rosal

Revisão
Jane Pessoa
Angela das Neves

Dados Internacionais de Catalogação na Publicação (CIP)
(Câmara Brasileira do Livro, SP, Brasil)

Melo Neto, João Cabral de, 1920-1999.
A literatura como turismo / João Cabral de Melo
Neto ; seleção e texto de Inez Cabral. – 1ª ed. – Rio de
Janeiro : Alfaguara, 2016.

ISBN 978-85-5652-021-0

1. Poesia brasileira I. Cabral, Inez. II. Título.

16-05742   CDD-869.1

Índice para catálogo sistemático:
1. Poesia : Literatura brasileira   869.1

[2016]
Todos os direitos desta edição reservados à
EDITORA SCHWARCZ S.A.
Rua Cosme Velho, 103
22241-090 — Rio de Janeiro — RJ
Telefone: (21) 2199-7824
Fax: (21) 2199-7825
www.objetiva.com.br

Dedico este livro a Dandara, Sereno, Roberto, Diogo, Renata, Joana, Mariana, e sua prole, Rodrigo e Vicente, com toda a certeza os melhores poemas do vô João.

Nota preliminar

Sempre fiquei incomodada com a expressão arregalada e a voz cheia de admiração das pessoas dizendo:

— Você é filha de João Cabral!

Não sou "boazinha". Isso pode ser confirmado por quem me conhece. Então, a partir do dia em que ouvi essa frase pela enésima vez, comecei a perguntar a quem a proferia:

— Qual é o poema dele que você prefere?

Depois de perguntar isso, instalava-se geralmente um silêncio incômodo, o que me fez perceber que João Cabral era uma figura mítica, ensinado nas escolas e adotado nas provas de literatura do vestibular, mas depois esquecido e nunca mais lido, a não ser por quem fizesse letras.

Essa reação me incomodava, porque tenho certeza de que, quando ele escrevia, fazendo com que eu e meus irmãos andássemos quase na ponta dos pés e falando baixo porque "seu pai está trabalhando", ele queria ser lido e buscava, como qualquer ser humano, apreço e reconhecimento por seu trabalho, que acontecia apenas quando era lido por críticos e colegas.

Decidi então que minha missão era tornar seus poemas mais lidos e amados, e mostrar facetas menos conhecidas de sua obra. Daí esta coletânea, tomando como tema os locais em que viveu e por onde viajou.

Aqui está uma antologia que não fala apenas dos dois grandes assuntos de João Cabral: Pernambuco, onde nasceu, e Sevilha, que o apaixonou. Afinal, ele foi diplomata, conheceu muitos lugares e escreveu sobre eles. Este livro é, portanto, um punhado de poemas desses lugares, inclusive Sevilha, entremeado com breves relatos de minha vida ao lado dele. Espero que gostem, e que este livro os faça procurar ler suas obras maiores.

Inez Cabral

A literatura como turismo

Certos autores são capazes
de criar o espaço onde se pode
habitar muitas horas boas:
um espaço-tempo, como o bosque.

Onde se ir nos fins de semana,
de férias, até de aposentar-se:
de tudo há nas casas de campo
de Camilo, Zé Lins, Proust, Hardy.

A linha entre ler conviver
se dissolve como em milagre;
não nos dão seus municípios,
mas outra nacionalidade,

até o ponto em que ler ser lido
é já impossível de mapear-se:
se lê ou se habita Alberti?
se habita ou soletra Cádis?

No engenho Poço do Aleixo, em São Lourenço da Mata, moravam Luiz Antônio Cabral de Mello e sua mulher Carmen Carneiro Leão Cabral de Mello, meus avós paternos, que preparavam uma viagem ao Recife, para que Carmen, às vésperas do parto de seu segundo filho (ou filha, na época não dava para saber), seguisse o que decretou seu pai: "Meus netos haverão de nascer todos no sobrado da família às margens da maré", como era conhecido por eles o estuário do Capibaribe, que enche e vaza com as marés do oceano.

São Lourenço da Mata fica a menos de vinte quilômetros do Recife, mas dá para imaginar como deviam ser as estradas nessa época.

Chegaram de noitinha. Posso sentir o desconforto de minha avó, em final de gravidez fazendo uma viagem dessas.

Ao chegarem, o quarto principal do casarão ainda não tinha sido arrumado para o parto, portanto acomodaram minha avó e sua barriga no quarto dos santos, misto de quarto e capela, onde estavam os santos de devoção dos moradores, além de retratos de antepassados. Não acredito que fossem muito religiosos, supersticiosos eu sei que eram, mas na época era de praxe que as casas tivessem esses quartos.

Talvez por causa dos sacolejos da viagem, ou por impaciência de meu pai, ele resolveu nascer nessa mesma noite. Vou deixá-lo explicar seu nascimento:

Autobiografia de um só dia

A Maria Dulce e Luiz Tavares

No Engenho do Poço não nasci:
minha mãe, na véspera de mim,

veio de lá para a Jaqueira,
que era onde, queiram ou não queiram,

os netos tinham de nascer,
no quarto-avós, frente à maré.

Ou porque chegássemos tarde
(não porque quisesse apressar-me,

e, se soubesse o que teria
de tédio à frente, abortaria)

ou porque o doutor deu-me quandos,
minha mãe, no quarto-dos-santos,

misto de santuário e capela,
lá dormiria, até que para ela

fizessem cedo no outro dia
o quarto onde os netos nasciam.

Porém em pleno Céu de gesso,
naquela madrugada mesmo,

nascemos eu e minha morte,
contra o ritual daquela Corte,

que nada de um homem sabia:
que ao nascer esperneia, grita.

Parido no quarto-dos-santos,
sem querer, nasci blasfemando,

pois são blasfêmias sangue e grito
em meio à freirice de lírios,

mesmo se explodem (gritos, sangue),
de chácara entre marés, mangues.

Quando meu avô foi fazer a certidão de nascimento de meu
pai, a data de sua vinda ao mundo foi registrada como 6 de janeiro
de 1920. Mas vó Carmen passou a vida inteira dizendo que a data
estava errada e que, na verdade, ele nasceu no dia 9. Como dizem
que mãe não se engana, durante toda a sua vida, seu aniversário seria
comemorado no dia 9 de janeiro. Quando criança, eu não entendia
o porquê de não comemorarem as duas datas, por via das dúvidas,
até porque nessa época morávamos em Sevilha, e dia 6 de janeiro é
dia dos reis Magos, dia de ganhar presente na Espanha. (Papai Noel
era uma figura desconhecida por lá na época.) Aliás, eu achava mes-
mo é que tinham que comemorar durante os três dias seguidos, com
festas, brigadeiros, presentes e tudo que aniversário tem de bom.
Mas, fazer o quê? Ele nunca foi uma pessoa festeira.

Depois do seu nascimento, meus avós voltaram para o in-
terior, onde durante dez anos viveram em três engenhos da família,
como ele explica:

Menino de três Engenhos

Lembro do Poço? Não me lembro?   *O Engenho Poço*
Que lembro do primeiro Engenho?

Não vejo onde começariam
a lembrança e as fotografias.

Rio? Um nome: o Tapacurá,
rio entre pedras, a assoviar,

e um dia quase me afogou:
lembro? ou alguém me contou?

Do Poço talvez lembre mesmo
é de um grande e geral bocejo

(ainda em mim, que ninguém podia
fazer dele fotografia).

Talvez lembre o ser-para-ruína,
do fornecedor, ser-para-a Usina,

que então tinha toda nas unhas
a várzea ex-Carneiro da Cunha.

Foi pouco tempo, mas é o Engenho   *Pacoval*
de que porém melhor me lembro.

Era engenho dos mais humildes
da vizinhança onde ele assiste.

A moita do Engenho, já morta,
(existia, ou é só na memória?)

amadurecia ao sol e à lua
as coxas secas, já de viúva.

Dos "Engenhos de minha infância",
onde a memória ainda me sangra,

preferi sempre *Pacoval*:
a pequena Casa-Grande de cal,

com telhados de telha-vã
e a bagaceira verde e chã

onde logo eu e meu irmão
fomos a um futebol pé no chão.

Em Dois Irmãos era outra a fala;
aquele era um engenho de sala.

Dois Irmãos

Mesmo sendo de fogo morto,
seu cerimonial já era outro.

Já se acordava de sapato,
não como em *Pacoval*, descalço.

A casa-grande, de fato grande,
se não histórica C.G. Grande,

tinha em si certa qualidade
ambígua de campo e cidade.

Mas com tudo isso era um engenho,
era engenho, mesmo não moendo,

e, mesmo se há de estar calçado,
o chão é de chão, não de asfalto.

Sim, se gastavam mais sapatos,
e as mulheres, dos de salto alto.

E veio em Trinta a "Salvadora",
a primeira de muitas outras

A "Salvadora"

que disse vir para salvar
e pôs-se a salvar seu salvar,

e salvar o salvar do salvar
até que o salvar foi enredar.

Doutor Luiz, de Dois Irmãos,
perrepista, a Revolução

tinha de começar por ele
a lançar, salvadora, a rede:

a redada não valeu o lance
(algum fuzil, alguma amante).

Mas Doutor Luiz, Melo Azedo,
foi devassado e, mesmo, preso.

Desgostado, ele esquece a Cana.
Vai politicar. Tem diploma.

Nessa primeira infância, além de brincar com os moleques e seus irmãos na bagaceira do engenho, um de seus maiores prazeres era ler para os cassacos os romances de cordel que estes traziam da feira, como ele conta em um de seus poemas — "Descoberta da literatura", de *A escola das facas*. Essa foi sua brincadeira dominical, até que o irmão mais velho descobriu e contou ao pai, que imediatamente proibiu-o não só de ler para os trabalhadores do eito, como ler esse tipo de literatura "de cegos e meliantes". Não preciso destacar aqui o enorme prazer do proibido, portanto acredito que essa proibição não tenha sido levada a sério demais. Outro grande prazer para ele foi ensinar a sua mucama, Margarida, a ler e a escrever, para provar que as histórias tinham sempre o mesmo final, pois a mocinha adorava mudar o encerramento das histórias que contava.[1]

Em 1930, chegou a Revolução e vô Luiz se envolveu nela. O resultado foi o incêndio do Engenho Dois Irmãos, onde moravam, e a saída da família para o Recife.

Dessa primeira infância, ele guardaria para sempre as melhores recordações da sua vida, chegando a dizer que seus sonhos bons se passavam sempre nos engenhos, e seus pesadelos recorrentes eram sempre sobre sua volta à cidade que o viu nascer. Talvez por causa da violência que expulsou a sua família de casa.

Passou então a estudar no Colégio Marista. Foram tempos difíceis, seu pai sofria perseguição política por parte do governador, tendo, portanto, que sobreviver de trabalhos temporários até 1937.

Acredito que foi nessa época escolar que ele passou a detestar música, pois era desafinadíssimo e, nas aulas de solfejo, o professor o mandava jogar bola. Ele sempre dizia que achava aquilo ótimo, mas tenho para mim que para um garotinho tímido como ele, e excelente aluno nas outras matérias, devia ser constrangedor ser colocado em evidência por uma deficiência que não podia controlar. De tanto jogar pelada com os moleques durante as aulas de canto, acabou sendo convidado como jogador juvenil no seu time do coração, o América do Recife. Quando o treinador foi conversar com a minha avó, ela só permitiu que ele jogasse futebol se fosse pelo time dela, o Santa Cruz, pelo qual foi campeão juvenil em 1936. A vergonha imposta pelos padres ao expulsá-lo das aulas de canto foi, portanto, mais construtiva para ele do que decorar partituras e cantar em corais.

Outro fato que ele contava sempre era que no colégio detestava poesia, pois só o faziam ler poemas parnasianos e líricos, que achava desinteressantes e derretidos. Em 1936, caiu-lhe nas mãos uma antologia de poesia moderna com poemas de Manuel Bandeira, Carlos Drummond de Andrade e Jorge de Lima. Ficou fascinado. Descobriu então que poesia não se fazia apenas falando de sentimentos, e o que pensou na hora foi: "Então isso também é poesia? Isso é fácil, eu consigo fazer". Na poesia também cabe a prosa, ela pode ser irônica e falar de assuntos cotidianos, como descobriu ao ler Carlos Drummond de Andrade. Morria aí, ainda em embrião, um futuro crítico literário, seu primeiro sonho profissional. Tinha noção do grau de cultura necessária a um crítico e achou que fazer poesia era mais fácil. Ao terminar o clássico (o ensino médio de hoje), por conta dos problemas políticos e financeiros de seu pai, a mensalidade do colégio estava atrasada. Circulou a notícia de que os alunos com as mensalidades em atraso não poderiam prestar o exame. Por causa da timidez que o afligia, apesar de ser ótimo aluno, preferiu não comparecer, temendo ser barrado na prova. Portanto, nunca se formou.

Em 1942, seu irmão mais velho, Gi para a família — o segundo era Jó —, encontrou alguns poemas de João trancados numa gaveta e mostrou-os ao pai, que ao lê-los entrou em contato com a Empresa Gráfica Brasileira, a melhor gráfica do Recife na época, e mandou imprimi-los. Nascia assim seu primeiro livro, *Pedra do sono*, com tiragem de trezentos exemplares doados a amigos, e quarenta em edição de luxo vendidos a primos e parentes ricos com a finalidade de financiar a edição.

Por conta de uma dor de cabeça que o afligia desde os dezessete anos, segundo ele por causa de uma cabeçada num jogo de futebol, pediu para ser internado num sanatório dirigido por um parente, que resolveu dar-lhe placebos por achar que a dor não era real. Como não melhorou, seu primo disse-lhe então que só conseguiria a cura no Rio de Janeiro ou em São Paulo.

Em 1943, prestou concurso para o cargo de assistente de seleção do Dasp (Departamento Administrativo do Serviço Público), foi aprovado e se mudou para o Rio de Janeiro, apesar dos protestos de sua mãe, que preferia manter os filhos por perto. Em represália, ela disse que nunca lhe escreveria enquanto estivesse fora. Notícias da família lhe chegavam através de cartas do pai e dos irmãos, recheadas de recados de sua mãe, que por causa da promessa feita, nunca lhe escreveu.

De um avião

A Afonso Arinos, Filho

I

Se vem por círculos na viagem
Pernambuco — Todos-os-Foras.
Se vem numa espiral
da coisa à sua memória.

O primeiro círculo é quando
o avião no campo do Ibura.
Quando tenso na pista
o salto ele calcula.

Está o Ibura onde coqueiros,
onde cajueiros, Guararapes.
Contudo já parece
em vitrine a paisagem.

O aeroporto onde o mar e mangues,
onde o mareiro e a maresia.
Mas ar condicionado,
mas enlatada brisa.

De Pernambuco, no aeroporto,
a vista já pouco recolhe.
É o mesmo, recoberto,
porém, de celuloide.

Nos aeroportos sempre as coisas
se distanciam ou celofane.
No do Ibura até mesmo
a água doída, o mangue.

Agora o avião (um saltador)
caminha sobre o trampolim.
Vai saltar-me de fora
para mais fora daqui.

No primeiro círculo, em terra
de Pernambuco já me estranho.
Já estou fora, aqui dentro
deste pássaro manso.

2

No segundo círculo, o avião
vai de gavião por sobre o campo.
A vista tenta dar
um último balanço.

A paisagem que bem conheço,
por tê-la vestido por dentro,
mostra, a pequena altura
coisas que ainda entendo.

Que reconheço na distância
de vidros lúcidos, ainda:
eis o incêndio de ocre
que à tarde queima Olinda;

eis todos os verdes do verde,
submarinos, sobremarinos:
dos dois lados da praia
estendem-se indistintos;

eis os arrabaldes, dispostos
numa constelação casual;
eis o mar debruado
pela renda de sal;

e eis o Recife, sol de todo
o sistema solar da planície:
daqui é uma estrela
ou uma aranha, o Recife,

se estrela, que estende seus dedos,
se aranha, que estende sua teia:
que estende sua cidade
por entre a lama negra.

(Já a distância sobre seus vidros
passou outra mão de verniz:
ainda enxergo o homem,
não mais sua cicatriz.)

3

O avião agora mais alto
se eleva ao círculo terceiro,
folha de papel de seda
velando agora o texto.

Uma paisagem mais serena,
mais estruturada, se avista:
todas, de um avião,
são de mapa ou cubistas.

A paisagem, ainda a mesma,
parece agora noutra língua:
numa língua mais culta,
sem vozes de cozinha.

Para língua mais diplomática
a paisagem foi traduzida:
onde as casas são brancas
e o branco, fresca tinta;

onde as estradas são geométricas
e a terra não precisa limpa
e é maternal o vulto
obeso das usinas;

onde a água morta do alagado
passa a chamar-se de marema
e nada tem da gosma,
morna e carnal, de lesma.

Se daqui se visse seu homem,
homem mesmo pareceria:
mas ele é o primeiro
que a distância eneblina

para não corromper, decerto,
o texto sempre mais idílico
que o avião dá a ler
de um a outro círculo.

4

Num círculo ainda mais alto
o avião aponta pelo mar.
Cresce a distância com
seguidas capas de ar.

Primeiro, a distância se põe
a fazer mais simples as linhas;
os recifes e a praia
com régua pura risca.

A cidade toda é quadrada
em paginação de jornal,
e os rios, em corretos
meandros de metal.

Depois, a distância suprime
por completo todas as linhas;
restam somente cores
justapostas sem fímbria:

o amarelo da cana verde,
o vermelho do ocre amarelo,
verde do mar azul,
roxo do chão vermelho.

Até que num círculo mais alto
essas mesmas cores reduz:
à sua chama interna,
comum, à sua luz,

que nas cores de Pernambuco
é uma chama lavada e alegre,
tão viva que de longe
sua ponta ainda fere,

até que enfim todas as cores
das coisas que são Pernambuco
fundem-se todas nessa
luz de diamante puro.

5

Penetra por fim o avião
pelos círculos derradeiros.
A ponta do diamante
perdeu-se por inteiro.

Até mesmo a luz do diamante
findou cegando-se no longe.
Sua ponta já rombuda
tanto chumbo não rompe.

Tanto chumbo como o que cobre
todas as coisas aqui fora.
Já agora Pernambuco
é o que coube à memória.

Já para encontrar Pernambuco
o melhor é fechar os olhos
e buscar na lembrança
o diamante ilusório.

É buscar aquele diamante
em que o vi se cristalizar,
que rompeu a distância
com dureza solar;

refazer aquele diamante
que vi apurar-se cá de cima,
que de lama e de sol
compôs luz incisiva;

desfazer aquele diamante
a partir do que o fez por último,
de fora para dentro,
da casca para o fundo,

até aquilo que, por primeiro
se apagar, ficou mais oculto:
o homem, que é o núcleo
do núcleo de seu núcleo.

Chegou ao Rio de Janeiro com uma carta de apresentação de seu mentor literário, Willy Lewin, para Murilo Mendes, que o apresentou, entre outros, a Carlos Drummond de Andrade. Passou a frequentar as rodas literárias cariocas, no Vermelhinho (não existe mais) e no Amarelinho, da Cinelândia, onde conheceu, entre outros, seus grandes amigos Vinicius de Moraes e Rubem Braga. Publicou na época *Os três mal-amados*, exercício poético baseado no poema "Quadrilha" de Carlos Drummond de Andrade, na *Revista do Brasil*.

Em 1945, prestou concurso para o Instituto Rio Branco (na época, não era exigido o curso universitário) e ingressou na carreira diplomática. Nesse mesmo ano, lançou seu segundo livro, *O engenheiro*, financiado por Augusto Frederico Schmidt. Estudou para o concurso com Antônio Houaiss, com quem dividia apartamento. Como suas finanças não lhe permitiam pagar professores, aprendeu francês, inglês e espanhol sozinho, lendo muito. Sempre dizia que tinha muita facilidade para aprender línguas lendo, a sua dificuldade era aprender a expressar-se verbalmente nessas línguas. Talvez por isso não tenha perdido nunca o sotaque nordestino ao falar línguas estrangeiras. Foi nessa época que ele, que não gostava de música, ouviu flamenco pela primeira vez. Foi uma paixão imediata pelo país e pela cultura que produziam essa música.

No início de 1946, casou-se com Stella Maria Barbosa de Oliveira, que deixou de lado seu sobrenome e virou apenas Cabral de Melo, por achar que, se mantivesse seu sobrenome, ficaria com um nome grande demais. No final desse ano, nasceu meu irmão mais velho, Rodrigo, ainda no Rio de Janeiro.

Em 1947, já diplomata, quando lhe perguntaram onde gostaria de servir, lembrando-se da música que o hipnotizara, escolheu a Espanha sem pestanejar. Soube de uma vaga no consulado em Barcelona e a requisitou. Não tinha noção de que essa cidade fica no nordeste da Espanha, na Catalunha, região em que a cultura e até a língua são diferentes da cultura e da fala andaluzas e ciganas, berço do canto flamenco. Talvez tenha ficado decepcionado, mas rapidamente se integrou à vida intelectual da cidade mais culta da Espanha, conhecendo jovens artistas, poetas e pintores como Joan Brossa e Antoni Tàpies, que se sentiam enclausurados por conta da censura e da repressão na Espanha de Franco. Para eles, João Cabral representava um sopro de liberdade. Como vinha de fora, tinha acesso a uma cultura vetada por lá e lhes proporcionava os livros, as ideias e as imagens que circulavam pelo mundo, enquanto ele, menino de engenho, mergulhava nessa realidade tão diferente de sua cultura nativa.

Nessa época, nascemos eu e, um ano depois, meu segundo irmão, Luis. Meus pais não gostavam de nomes compostos, portanto, na certidão de nascimento, Luis e eu temos apenas um nome. Mas na Espanha todos têm que ter no mínimo dois nomes, pois reza a tradição que os santos dos nomes das crianças velam por elas. Portanto, quando fomos batizados, não sei se foi porque o padre se chamava José, ou por qualquer outro motivo, na certidão de batismo eu consto como Inez Josefa, e ele como Luis José. Portanto, para Deus nós temos dois nomes. Espero que a burocracia do além seja mais esperta do que a daqui, e que isso não nos traga problemas. Mas acredito que são José vai ajudar nessa hora difícil.

Em 1949, meu pai conheceu Joan Miró através de um amigo em comum, chapeleiro, que o levou à sua casa. Miró, que morou na França até a ocupação alemã, pediu licença a Franco para voltar. Essa licença lhe foi concedida com a condição de não "fazer escola", o que o impedia de se relacionar com artistas catalães. Por ser diplomata e estrangeiro e não estar sujeito às leis espanholas, João Cabral pôde manter uma relação de amizade com o pintor. Amizade essa que produziria o ensaio *Joan Miró*, enriquecido com gravuras originais do artista e que o colocaria em contato com Enric Tormo, tipógrafo amigo do pintor, responsável pela composição e pela impressão do livro, e que ele cita no poema "Paisagem tipográfica", que consta desta antologia.

Nessa época, um médico lhe recomendou exercício físico. Numa visão bem particular sobre o que seria exercício físico e fascinado pelo trabalho de tipografia, adquiriu uma prensa manual Minerva e fundou uma editora caseira e artesanal, O Livro Inconsútil. Passou então a imprimir livros e revistas de seus amigos escritores, catalães e brasileiros. Imprimiu em português, espanhol e catalão livros de Joan Brossa, Manuel Bandeira, Vinicius de Moraes, Lêdo Ivo, Cecília Meireles, e outros mais, inclusive o seu *Psicologia da composição*.

Na época, seu contato com as culturas flamenca e gitana se daria apenas através de alguns amigos andaluzes toureiros, *bailaoras* e músicos que se apresentavam em casas de flamenco para turistas, entre eles Pepe, o garçom gitano de um restaurante especializado em *toros de lidia*,[2] semianalfabeto, a quem apresentou o trabalho de Federico García Lorca. Anos depois, em 1967, em sua volta a Barcelona, Pepe lhe agradeceu e lhe disse que se tornara leitor assíduo do poeta andaluz. Essa foi uma das poucas vezes em que o vi emocionado.

Fábula de Joan Brossa

Joan Brossa, poeta frugal,
que só come tomate e pão,
que sobre papel de estiva
compõe versos a carvão,

nas feiras de Barcelona,
Joan Brossa, poeta buscão,
as sete caras do dado,
as cinco patas do cão,
antes buscava, Joan Brossa,
místico da aberração,
buscava encontrar nas feiras
sua poética sem-razão.
Mas porém como buscava
onde é o sol mais temporão,
pelo Clot, Hospitalet,
onde as vidas de artesão,
por bairros onde as semanas
sobram da vara do pão
e o horário é mais comprido
que fio de tecelão,
acabou vendo, Joan Brossa,
que os verbos do catalão
tinham coisas por detrás,
eram só palavras, não.
Agora os olhos, Joan Brossa
(sua trocada instalação)
voltou às coisas espessas,
que a gravidez pesa ao chão,
e escreveu um *Dragãozinho*
denso, de copa e fogão,
que combate as mercearias
com ênfase de dragão.

Campo de Tarragona

Do alto da torre quadrada
da casa de En Joan Miró
o campo de Tarragona
é mapa de uma só cor.

É a terra de Catalunha
terra de verdes antigos,
penteada de avelã,
oliveiras, vinha, trigo.

No campo de Tarragona
dá-se sem guardar desvãos:
como planta de engenheiro
ou sala de cirurgião.

No campo de Tarragona
(campo ou mapa o que se vê?)
a face da Catalunha
é mais clássica de ler.

Podeis decifrar as vilas,
constelação matemática,
que o sol vai acendendo
por sobre o verde de mapa.

Podeis lê-las na planície
como em carta geográfica,
com seus volumes que ao sol
têm agudeza de lâmina,

podeis vê-las recortadas,
com as torres oitavadas
de suas igrejas pardas,
igrejas, mas calculadas.

Girando-se sobre o mapa,
desdobrado pelo chão
ao pé da torre quadrada,
se avista o mar catalão.

É mar também sem mistério,
é mar de medidas ondas,
a prolongar o humanismo
do campo de Tarragona.

Foram águas tão lavradas
quanto os campos catalães.
Mas poucas velas trabalham,
hoje, mas de tantas cás.

Paisagem tipográfica

Nem como sabe ser seca
Catalunha no Montblanc;
nem é Catalunha Velha
sóbria assim em Camprodón.

A paisagem tipográfica
de Enric Tormo, artesão,
é ainda bem mais simples
que a horizontal do Ampurdán:

é ainda mais despojada
do que a vila de Cervera,
compacta, delimitada
como bloco na galera.

A paisagem tipográfica
de Enric Tormo, impressor,
é melhor localizada
em vistas de arte menor:

na pobre paginação
da Tarrasa e Sabadell,
nas interlinhas estreitas
das cidades do Vallés,

nos bairros industriais
com poucas margens em branco
da Catalunha fabril
composta em negro normando.

Nas vilas em linhas retas
feitas a componedor,
nas vilas de vida estrita
e impressas numa só cor

(e onde às vezes se surpreende
igreja fresca e românica,
capitular que não quebra
o branco e preto da página)

foi que achei a qualidade
dos livros deste impressor
e seu grave ascetismo
de operário (não de Dom).

Duas paisagens

D'Ors em termos de mulher
(Teresa, *La Ben Plantada*)
descreveu da Catalunha
a lucidez sábia e clássica

e aquela sóbria harmonia,
aquela fácil medida
que, sem régua e sem compasso,
leva em si, funda e instintiva,

aprendida certamente
no ritmo feminino
de colinas e montanhas
que lá têm seios medidos.

Em termos de uma mulher
não se conta é Pernambuco:
é um estado masculino
e de ossos à mostra, duro,

de todos, o mais distinto
de mulher ou prostituto,
mesmo de mulher virago
(como a Castilla de Burgos).

Lúcido não por cultura,
medido, mas não por ciência:
sua lucidez vem da fome
e a medida, da carência,

e se for preciso um mito
para bem representá-lo
em vez de uma *Ben Plantada*
use-se o Mal Adubado.

Em 1950, publicou *O cão sem plumas* em sua tipografia manual. Esse poema nasceu de uma matéria lida numa revista, que dizia que a expectativa média de vida na Índia era de 29 anos, enquanto em Pernambuco era de 28. Essa informação o impressionou muito, talvez por ser essa a sua idade ao ler o artigo. Escreveu esse livro entre 1947 e 1948.

Ainda em 1950 foi transferido para o Consulado Geral do Brasil em Londres. Aí começou o trabalho insano de minha mãe para organizar a viagem, a mudança e todas essas coisas práticas que o deixavam ansioso. Ela se ocupou desses assuntos a vida toda. Ele sempre viajava antes de nós, porque, segundo ele, morreria num desastre de avião. (Morria de medo de voar, e só entrava no avião depois de tomar alguns uísques.)

Disse em sua última entrevista:

Londres, Inglaterra, eu conheço bem, porque depois de Barcelona eu fui para Londres. Mas enquanto servi em Barcelona nunca me ocorreu ir a Londres. Quando fui mandado para lá, então me enfronhei no país. Tanto é que os países que eu conheço bem são os países onde eu servi.[3]

Nessa época, como o trabalho no consulado não lhe deixava muito tempo livre, mergulhou na literatura e cultura inglesas, assim como no cinema clássico mundial, deixando de lado seu hobby de editor. O poeta explica:

> Em Londres, filiei-me a uma meia dúzia de clubes de cinéfilos, de modo que podia ver um filme importante por dia, variando de clube. Foi assim que vi todos os clássicos russos, franceses e ingleses que me interessavam. Depois disso, o cinema perdeu muito para mim, pois sempre tinha a sensação do déjà-vu.[4]

Ele escreveu pouco sobre a Inglaterra, porém encontramos na sua obra inúmeros poemas sobre ou para poetas ingleses. Como esta antologia se dedica a assuntos mais gerais e, por que não, turísticos, preferi deixar de lado esses poemas, que podem ser encontrados e apreciados em suas obras completas.

Conversa em Londres, 1952

I

Durante que vivia em Londres,
amigo inglês me perguntou:
concretamente o que é o Brasil,
que até se deu um Imperador?

Disse-lhe que há uma Amazônia
e outra sobrando no planalto;
todo inglês sonha essa expedição,
como nós, Parises, putastros;

que temos vizinhos invizinhos,
quanto gastamos a imaginá-los;
onde um inglês pode viver?
no Recife de antes, Rio, São Paulo;

falei do que não há de falar,
muito menos para estrangeiros,
que é o Nordeste, onde começamos
a ser Brasil (talvez por erro).

2

Porém como a nenhum britânico
convence conversa impressionista,
pediu-me coisas para o dente:
dei-lhe somas recém-recebidas.

Dias estudou-as, e um dia:
"Posso dizer minha opinião?
O Brasil é o Império britânico
de si mesmo, e sem dispersão;

é fácil de ler nesse mapa,
colônias, colônias da Coroa,
domínios e reinos unidos,
e a Londres, certo mais monstruosa,

que no Brasil não é cidade,
é região, é esponja e é fluida,
a de Minas, Rio, São Paulo
que vos arrebata até a chuva".

3

"E o Nordeste onde está no esquema?"
"Vejamos: não é só colônia;
é uma colônia com o especial
que à colônia dá ter história;

é a colônia condecorada
que se deve dizer 'da Coroa',
principalmente Pernambuco,
onde, pelo que me diz, toda

coisa começou; e que você
não separa do que é Nordeste
(aliás, por que estados tão grandes?
por que só dividiram estes?);

enfim, o Nordeste é uma colônia
como qualquer, só que tem título,
o 'da Coroa', que o Rei dá
aos territórios mais mendigos."

Funeral na Inglaterra

Cônsul, ela foi a um funeral.
De funeral, só viu a igreja.
Nem viu cerimônia: só gente
tentando, sem álcool, conversas.

Garden party no inverno e frio,
quando o jardim dorme ou não há.
Um canteiro todo de cinzas
como que acabam de adubar.

Pensou: certo um novo produto
para atrair a primavera,
um adubo que a faz reviver
ou a amadurece mais depressa.

Convidados ao funeral
vão chegando a cada momento.
Era a afluência tão numerosa
quanto apertado era o terreno.

A preamar dos convidados
foi empurrando-a até o canteiro
que o adubo novo recobria:
"Pisei-o, não vi outro jeito.

Com nojo e muito a contragosto,
pisei-o, andei-o, passeei-o;
pisei fundo na cinza fofa,
entrei-a quase ao tornozelo;

era uma cinza farelo, um grude
que se agarrava a meus sapatos;
mais aumentou meu mal-estar;
certa angústia juntou-se ao asco".

A gente estava numa festa:
se falava, falava em nada;
gente das ilhas de toda a Ilha
se reencontrava, farejava.

Toda ao redor desse canteiro
onde sentia-se em pecado,
mas onde pisavam, cuspiam,
jogavam pontas de cigarro.

Na baixa-mar dos convidados
pôde sair daquele chão;
foi dizer aos donos da festa
com britânica compunção:

"Na preamar de tanta gente
Fui arrastada contra o muro.
Awfully sorry pelo estrago
que fiz no canteiro e no adubo."

"Em que canteiro?" perguntaram.
"No único que está cultivado;
no que está encostado ao muro,
com estranho adubo: importado?"

"Que adubo? Não havia adubo.
Eram as cinzas da cremação.
Fulano ao morrer nos mandara
espalhar suas cinzas no chão,

para sentir-se ainda entre amigos
numa conversa derradeira;
queria ao redor do canteiro
os que ao redor de sua mesa."

Em 1952, durante a ação de caça às bruxas no governo Vargas, João Cabral e mais quatro colegas foram acusados de subversão, graças a um "amigo" que, remexendo nas gavetas de seu escritório, encontrou o rascunho de uma carta dirigida a um deles. Nessa carta, meu pai pedia um artigo sobre a disputa pelo mercado brasileiro entre ingleses, alemães e japoneses. Esse documento foi entregue pelo "amigo" que o subtraiu ao Itamaraty e acabou nas mãos de Carlos Lacerda, que o publicou em matéria de capa na *Tribuna da Imprensa*, no dia 27 de junho do mesmo ano. Entre outras barbaridades, o jornal afirmava:

a tipografia passou a servir para imprimir boletins de seus novos "amigos". Valéry já lhe parece uma expressão da burguesia decadente. E quando Moscou, pela boca de Aragon, mandou adorar Victor Hugo, ele passou a considerar Victor Hugo seu mestre, o seu modelo. Seus versos estão agora repletos de alusões, são panfletários, ardentes e, por sinal, ruins.

Esses poemas repletos de alusões, panfletários e ruins nunca foram encontrados, nem comentados ou citados por ninguém, a não ser nesse artigo. Deixemos por conta da liberdade de imprensa da época.

Ele e seus colegas foram convocados ao Brasil para responder a um inquérito. Viajar de avião nessa época e a essa distância era proibitivamente caro, portanto, viajou conosco de navio. Ao entrar nele e ver a sala de jantar, pediu à minha mãe que reservasse uma mesa pequena e discreta, longe do burburinho social e da mesa do comandante. Na hora do jantar, quando entraram no restaurante, ele identificou seu lugar de imediato e se dirigiu para lá. Cheio de preocupação, o maître se aproximou e lhes disse: "Por favor, esta mesa está reservada para um velho diplomata brasileiro, algo neurastênico. Deixem-me indicar-lhes outra". Ao que minha mãe respondeu: "Não se preocupe, o velho diplomata neurastênico é ele. Quem reservou a mesa, fui eu". Ele tinha 32 anos.

Durante o processo meu pai e seus colegas foram colocados à disposição sem vencimentos pelo Itamaraty, apesar da inconstitucionalidade do ato. Em 1953, voltou ao Recife conosco, de automóvel.

Volta a Pernambuco

A Benedito Coutinho

Contemplando a maré baixa
nos mangues do Tijipió
lembro a baía de Dublin
que daqui já me lembrou.

Em meio à bacia negra
desta maré quando em cio,
eis a Albufera, Valência,
onde o Recife me surgiu.

As janelas do cais da Aurora,
olhos compridos, vadios,
incansáveis, como em Chelsea,
veem rio substituir rio,

e essas várzeas de Tiuma
com seus estendais de cana
vêm devolver-me os trigais
de Guadalajara, Espanha.

Mas as lajes da cidade
não me devolvem só uma,
nem foi uma só cidade
que me lembrou destas ruas.

As cidades se parecem
nas pedras do calçamento
das ruas artérias regando
faces de vário cimento,

por onde iguais procissões
do trabalho, sem andor,
vão levar o seu produto
aos mercados do suor.

Todas lembravam o Recife,
este em todas se situa,
em todas em que é um crime
para o povo estar na rua,

em todas em que esse crime,
traço comum que surpreendo,
pôs nódoas de vida humana
nas pedras do pavimento.

Seguindo o velho ditado que diz: "Se te derem um limão, faz uma limonada", nesse período em que esteve afastado da diplomacia se dedicou de corpo e alma a seu ofício de escritor e lançou *O rio*. Ao voltar para o Rio de Janeiro, no ano seguinte, trabalhou como secretário no jornal *A Vanguarda*, dirigido por Joel Silveira, onde escreveu editoriais não assinados (de cunho antigetulista, diga-se de passagem). Ele contava que foi encarregado de redigir o obituário de Getúlio Vargas quando este se suicidou. Ao voltar para casa, no lotação, sentou-se ao seu lado um cidadão que chorou ao ler a matéria. O poeta ficou constrangidíssimo e com a sensação de que o leitor descobriria a qualquer momento que a autoria do tal obituário era dele.

Outra fonte de renda que tinha na época era fornecida por amigos tradutores, que lhe passavam trabalhos que não podia assinar. Nesse período, nasceu minha irmã Isabel, e apesar de ser muito criança (eu devia ter seis ou sete anos), lembro que a vida não estava fácil. Finalmente, depois de analisar o processo, o Supremo Tribunal Federal pronunciou-se unanimemente por sua nulidade, considerando que a acusação dos impetrantes "era nenhuma, por lhes ter sido negado o direito de defesa, e finalmente por haver-lhes sido aplicada uma pena não prescrita na legislação, ou seja, a disponibilidade inativa". E assim, João Cabral foi reintegrado à carreira diplomática.

Em 1956, a editora José Olympio lançou *Duas águas*, que reunia sua obra anterior, além dos inéditos *Morte e vida severina*, *Paisagens com figuras* e "Uma faca só lâmina". Nesse mesmo ano, foi mais uma vez enviado à Espanha. Com a palavra, João Cabral:

> Quando voltamos, eles tinham que nos dar um posto, não é? O Macedo Soares [José Carlos de Macedo Soares, 1883-1968], que era ministro [das Relações Exteriores] e historiador, inventou o

seguinte: nos mandar para um consulado e nos comissionar para fazer pesquisa histórica. Então, me mandou para o consulado em Barcelona, mas me disse: "Olha, o senhor não vai ser cônsul. O senhor vai morar em Sevilha para fazer pesquisa no Arquivo das Índias". [...] Lá existe o Arquivo das Índias, com todos os documentos espanhóis sobre a América, de forma que todas essas fronteiras do Brasil são fronteiras espanholas. Todos esses problemas de fronteiras, de povoações, estão nos arquivos. Foi isso que eu investiguei lá.[5]

Ao chegar a Sevilha, aquele diplomata "velho e neurastênico" sofreu uma metamorfose total. Tornou-se uma figura alegre, boêmia e simpática. Passou a usar ternos claros, e até o carro da família, que sempre fora um modelo discreto, cinza, azul-marinho ou preto, passou a ser um Chevrolet branco e verde enorme, para os padrões europeus, único na cidade e reconhecido por todos.

Nos dois anos em que permaneceu em Sevilha, além de fazer a pesquisa, andou por suas ruas e becos, conheceu gente e pôde finalmente enfronhar-se no flamenco, que tanto o fascinara em seus tempos de estudante.

Eu ia muito a esses lugares de flamenco; meus amigos eram cantores, bailarinas, guitarristas de flamenco. Muitas vezes eu fiz festas com eles em minha casa. Chegava um brasileiro amigo meu que queria ver flamenco, eu convidava uns três ou quatro desses artistas para dançar lá em casa. Eles iam. Eu convivia muito com eles, e convivia muito com a cidade também...[6]

Do que viu e conheceu lá, resguardado em sua memória, nasceria grande parte de sua obra, com poemas presentes em quase todos os seus livros posteriores. Nesta seleção, escolhi mostrar a cidade de Sevilha e a Andaluzia em geral. Inúmeros poemas ficaram de fora, por tratar de gente e não da cidade, e podem ser encontrados em sua obra completa.

A fábrica de tabacos

Para fábrica de tabacos,
Fernando VI edificou
o que mais parece um convento
que fosse em Regras e Prior.

Lá trabalharam as cigarreiras,
quase nuas pelo calor,
discutindo, freiras despidas,
teologias de um certo amor.

Enquanto enrolavam cigarros,
se trocavam jaculatórias,
com palavras desse amor cru
omitidos pelas retóricas.

Lá um tempo trabalhou Carmen,
adensando mais a atmosfera
de sexo, de carne mulher,
que isso tudo emanava dela.

Sobre o portal um anjo de pedra:
pronta, na boca, uma trombeta.
Faria soá-la, se dizia,
se um dia entrasse uma donzela.

Hoje, não há mais operárias.
Hoje em dia, é a Universidade.
Tudo mudou, exceto o anjo
que mudo ameaça ainda, debalde.

Padres sem paróquia

Cada manhã, no Arquivo de Índias,
enxames de batinas negras,
padres jovens (historiadores?)
vêm e invadem todas as mesas.

São padres jovens, já ordenados.
Saem para procurar igrejas
para dizer a missa diária,
a que são obrigados por regra.

Padres sem altar e que esperam
pelo concurso que farão
para ganhar uma paróquia:
muitas, mas menos que eles são.

Livres que estão até a comida,
fogem ruas ainda sexuadas,
fazem gazeta, matam a manhã
fingindo pesquisas para nada.

O *Arenal* de Sevilha

Já nada resta do Arenal
de que contou Lope de Vega.
A Torre do Ouro é sem ouro
senão na cúpula amarela.

Já não mais as frotas das Índias,
e esta hoje se diz América;
nem a multidão de mercado
que se armava chegando elas.

Já Rinconete e Cortadilho
dormem no cárcere dos clássicos
e é ponte mesmo, de concreto,
a antiga Ponte de Barcos.

Urbanizaram num Passeio
o formigueiro que antes era;
só, do outro lado do rio,
ainda Triana e suas janelas.

O Museu de Belas-Artes

Este é o museu menos museu.
No Convento de las Mercedes,
palácio de tijolos frescos,
nada há de Convento nele.

Há jardins internos e fontes
surtindo águas vivas em fios
e a enorme luz que se abre invade
tristes Cristos, sombrios bispos,

pendurados pelas paredes,
mornos filhos da Renascença
que a custo dão-se à dor e ao sério
naquela invasão de sol sem crença.

Mas as santas de Zurbarán,
lado a lado, entre as janelas,
ficam lindas, assim lado a lado
como misses na passarela.

A catedral

"Vamos fazer tal catedral
que nos faça chamar de loucos",
propôs um dia no Cabildo
um cônego louco de todo.

Na monstruosa mole vazia
podia caber toda Sevilha,
e muita vez, dia de chuva,
foi bolsa de especiarias.

✳

Hoje é como uma cordilheira
na graça rasa de Sevilha;
é um enorme touro de pé
em meio a reses que dormitam.

Foi construída de uma só vez
como um livro de um só poema.
O ouro das Índias que a pagou
deu unidade a seu esquema.

✳

Na catedral, um dia por ano,
se expõe à beata devoção
o corpo do rei dom Fernando
que morreu de amarelidão.

Pelo menos é o da malária,
não o de quem viveu na guerra:
é aquele amarelo doente,
transparente, quase de vela.

*

Lá se admira a terceira tumba
de Colombo, como outras, falsa.
(As de Cuba e de São Domingos
pretendem também a carcaça.)

Mas parece que a verdadeira
é o leito do Guadalquivir,
que uma cheia antiga levou-a
de uma Cartuxa que havia ali.

Pratos rasos

O prato raso que é o Recife
e o prato raso que é Sevilha.
Nela, a beirada do Alcor,
nele, Guararapes, Olinda.

Mais: ambos os pratos estão
desbeiçados do mesmo lado,
o que faz com que ambas existam
debaixo de um céu de ar lavado.

Ambas estão escancaradas
ao ar sanativo do mar:
nele, o mar está ao pé, e nela
chega em marisma, terra-mar.

Sevilha

I

A cidade mais bem cortada
que vi, Sevilha;
cidade que veste o homem
sob medida.

Justa ao tamanho do corpo
ela se adapta,
branda e sem quinas, roupa
bem recortada.

Cortada só para um homem,
não todo o humano;
só para o homem pequeno
que é o sevilhano.

Que ao sevilhano Sevilha
tão bem se abraça
que é como se fosse roupa
cortada em malha.

2

Ao corpo do sevilhano
toda se ajusta
e ao raio de ação do corpo,
ou sua aventura.

Nem com os gestos do corpo
nunca interfere,
qual roupa ou cidade que é
cortada em série.

Sempre à medida do corpo
pequeno ou pouco:
ao teto baixo do míope,
aos pés do coxo.

Nunca tem panos sobrando
nem bairros longe;
sempre ao alcance do pé
que não tem bonde.

3

O sevilhano usa Sevilha
com intimidade,
como se só fosse a casa
que ele habitasse.

Com intimidade ele usa
ruas e praças;
com intimidade de quarto
mais que de casa.

Com intimidade de roupa
mais que de quarto;
com intimidade de camisa
mais que casaco.

E mais que intimidade,
até com amor,
como um corpo que se usa
pelo interior.

4

O modelo não é indicado
é a nenhum nórdico:
lhe ficará muito curto
e ele incômodo.

Ele ficará tão ridículo
como um automóvel,
dos que ali, elefânticos,
tesos, se movem,

nas ruas que o sevilhano
fez para si mesmo,
pequenas e íntimas para
seu aconchego,

sevilhano em quem se encontra
ainda o gosto
de ter a vida à medida
do próprio corpo.

Nas covas de Baza

O cigano desliza por encima da terra
não podendo acima dela, sobrepairado;
jamais a toca, sequer calçadamente,
senão supercalçado: de cavalo, carro.
O cigano foge da terra, de afagá-la,
dela carne nua ou viva, no esfolado;
lhe repugna, ele que pouco a cultiva,
o hálito sexual da terra sob o arado.

2

De onde, quem sabe, o cigano das covas
dormir na entranha da terra, enfiado;
dentro dela, e nela de corpo inteiro,
dentros mais de ventre que de abraço.
Contudo, dorme na terra uterinamente,
dormir de feto, não o dormir de falo;
escavando a cova sempre, para dormir
mais longe da porta, sexo inevitável.

Nas covas de Guadix

O cigano desliza por encima da terra
não podendo acima dela, sobrepairado;
lhe repugna, ele que pouco a cultiva,
o hálito sexual da terra sob o arado.
Contudo, dorme na terra uterinamente,
dormir de feto, não o dormir de falo;
dentro dela, e nela de corpo inteiro,
dentros mais de ventre que de abraço.

*

O cigano foge da terra, de afagá-la,
dela carne nua ou viva, ou esfolado;
jamais a toca, sequer calçadamente,
senão supercalçado: de cavalo, carro.
De onde, quem sabe, o cigano das covas
dormir na entranha da terra, enfiado;
escavando a cova sempre, para dormir
mais longe da porta, sexo inevitável.

Na Baixa Andaluzia

Nessa Andaluzia coisa nenhuma cessa
completamente de ser da e de terra;
e de uma terra dessa sua, de noiva,
de entreperna: terra de vale, coxa;
donde germinarem ali pelos telhados,
e verdadeiros, jardins de jaramago:
a terra das telhas, apesar de cozida,
nem cessa de parir nem a ninfomania.
De parir flores de flor, não de urtiga:
os jardins germinam sobre casas sadias,
que exibem os tais jardins suspensos
e outro interior, no pátio de dentro,
e outros sempre onde da terra incasta
dessa Andaluzia, terra sem menopausa,
que fácil deita e deixa, nunca enviúva,
e que de ser fêmea nenhum forno cura.

2

A terra das telhas, apesar de cozida,
não cessa de dar-se ao que engravida:
segue do feminino; aliás, são do gênero
as cidades ali, sem pedra nem cimento,
feitas só de tijolo de terra parideira
de que herdam tais traços de femeeza.
(Sevilha os herdou todos e ao extremo:
a menos macha, e tendo pedra e cimento.)

Pernambucano em Málaga

§

A cana doce de Málaga
dá domada, em cão ou gata:
deixam-na perto, sem medo,
quase vai dentro das casas.

É cana que nunca morde,
nem quando vê-se atacada:
não leva pulgas no pelo
nem, entre as folhas, navalha.

§

A cana doce de Málaga
dá escorrida e cabisbaixa:
naquele porte enfezado
de crianças abandonadas.

As folhas dela já nascem
murchas de cor, como a palha:
ou a farda murcha dos órfãos,
desde novas, desbotadas.

§

A cana doce de Málaga
não é mar, embora em praias:
dá sempre em pequenas poças,
restos de uma onda recuada.

Em poças, não tem do mar
a pulsação dele, nata:
sim, o torpor surdo e lasso
que se vê na água estagnada.

§

A cana doce de Málaga
dá dócil, disciplinada:
dá em fundos de quintal
e podia dar em jarras.

Falta-lhe é a força da nossa,
criada solta em ruas, praças:
solta, à vontade do corpo,
nas praças das grandes várzeas.

O regaço urbanizado

Os bairros mais antigos de Sevilha
criam o gosto pelo regaço urbanizado.
Com ruas feitas apenas com esquinas
e por onde o caminhar fia quadrado,
para quem sente nu no meio da sala
e se veste com os cantos retirados,
com ruas medindo corredores de casa,
onde um balcão toca o do outro lado,
para quem torce a avenida devassada
e enfia o embainhamento de um atalho,
com ruas feitas com pedaços de rua,
se agregando mal, por mal colados,
para quem, em meio a qualquer praça,
sente o olho de alguém a espioná-lo,
os bairros mais antigos de Sevilha
criaram uma urbanização do regaço.

2

Com ruas arruelando mais, em becos,
ou alargando, mas em mínimos largos,

eles têm abrigos e íntimos de corpo
nos recantos em desvão e esconsados.
Eles têm o aconchego que a um corpo
dá estar noutro interno ou aninhado
para quem quer, quando fora de casa,
seus dentros e resguardos de quarto.

Num bar da *Calle* Sierpes, Sevilha

Vendo tanto passar
só não assisto o tempo.
No corredor tortuoso
da rua é menos denso.

Quanto mais faz passar
em todos os sentidos,
o tempo ou se distrai
ou se apaga, dormido.

Depois de não sei quanto
demorar-me em seu vácuo,
parece que o relógio
correu adiantado.

Porém que ele está certo
logo depois descubro:
o tempo o fez andar,
como fez andar tudo.

Não posso é me lembrar
em que foi consumido,
se nada em mim dormiu
e tanto passou, vivo.

É que a unificação
de todos os sentidos,
como o disco de Newton,
dá um branco de olvido?

Seja o que for, o tempo
aqui não é sentido:
nem há como captá-lo,
múltiplo que é e tão rico.

Dá-se a tantos sentidos
que nenhum o apanha,
na vária *Calle* Sierpes
de Sevilha da Espanha.

Habitar o *flamenco*

Como se habita uma cidade
se pode habitar o *flamenco*:
com sua linguagem, seus nativos,
seus bairros, sua moral, seu tempo.

A linguagem: um falar com coisas
e jamais do oito mas do oitenta;
seus nativos: toda uma gente
que existe espigada e morena;

seus bairros: todos os sotaques
em que divide seus acentos;
sua moral: a vida que se abre
e se esgota num instante intenso;

seu tempo: borracha que estica
em segundos de passar lento,
lento de sesta, sesta insone
em que está aceso e extremo.

A Giralda

Sevilha de noite: a Giralda,
iluminada, dá a lição
de sua elegância fabulosa,
de incorrigível proporção.

Os cristãos tentaram coroá-la
com peristalgias barrocas;
mas sua proporção é tão certa
que quem a contempla não pousa

nem nas verrugas do barroco
nem nas curvas quase de cólica:
quem a contempla não as vê,
são como pombas provisórias.

O ferrageiro de Carmona

Um ferrageiro de Carmona
que me informava de um balcão:
"Aquilo? É de ferro fundido,
foi a fôrma que fez, não a mão.

Só trabalho em ferro forjado,
que é quando se trabalha ferro;
então, corpo a corpo com ele,
domo-o, dobro-o, até o onde quero.

O ferro fundido é sem luta,
é só derramá-lo na fôrma.
Não há nele a queda de braço
e o cara a cara de uma forja.

Existe grande diferença
do ferro forjado ao fundido;
é uma distância tão enorme
que não pode medir-se a gritos.

Conhece a Giralda em Sevilha?
Decerto subiu lá em cima.
Reparou nas flores de ferro
dos quatro jarros das esquinas?

Pois aquilo é ferro forjado.
Flores criadas numa outra língua.
Nada têm das flores de fôrma
moldadas pelas das campinas.

Dou-lhe aqui humilde receita,
ao senhor que dizem ser poeta:
o ferro não deve fundir-se
nem deve a voz ter diarreia.

Forjar: domar o ferro à força,
não até uma flor já sabida,
mas ao que pode até ser flor
se flor parece a quem o diga".

Verão de Sevilha

Verão, o centro de Sevilha
se cobre de toldos de lona,
para que a aguda luz sevilha
seja mais amável nas pontas,

e nele possa o sevilhano,
coado o sol cru, ter a sombra
onde conversar de *flamenco,*
de olivais, de touros, donas,

e encontra a atmosfera de pátio,
o fresco interior de concha,
todo o aconchego e acolhimento
das praças fêmeas e recônditas.

Comigo tenho agora o abrigo,
a sombra fresca dessas lonas:
eu os reencontrei, esses toldos,
nos lençóis que hoje nos enfronham.

Calle Sierpes

Sevilha tem bairros e ruas
onde andar-se solto, à ventura,

onde passear é navegação,
é andar-se, e sem destinação,

onde andar navegando a vela
e nada a atenção atropela,

onde andar é o mesmo que andar-se
e vão soltas a alma e a carne.

Mas há uma rota obrigatória
como as do comércio de outrora:

a esta se chama *calle* Sierpes,
apinhada de leste a oeste,

que serpenteia entre dois bares,
um na Campana e o outro o Corales,

onde após o andar solidão
se navega entre a multidão,

e não se pode o andar a vela
nem de leme solto e às cegas:

lá, navegar é em linhas curvas,
como a cobra que dá nome à rua.

Em 1958, depois de finalizar a pesquisa, foi transferido para o Consulado Geral em Marselha. Lembro-me, na época, de seu encanto pelo Château d'If, onde cumpriu pena o conde de Monte Cristo, um de seus personagens prediletos na adolescência, período em que desenvolveu um grande interesse por romances históricos, e por história, interesse esse que passaria para nós. Lembro-me também de seus cochilos na rede que armou no quintal. Em Marselha conheceu as cabras mediterrâneas que renderiam um de seus poemas mais famosos. Deixemos que ele explique:

> O Mediterrâneo é tão seco quanto o Nordeste brasileiro. É uma região áspera, aquelas pedras, aquela vegetação rasteira assim como o mata-pasto daqui; é uma coisa quase que tão dura quanto a região do sertão. E, então, na beira do Mediterrâneo — que é o berço da civilização e de onde saiu tudo o que o homem fez — eu vi um pastor esmolambado pastoreando uma porção de cabras, de forma que, se eu tirasse uma fotografia ali, poderia dizer que era uma fotografia de um pastor do Moxotó, no interior de Pernambuco.[7]

Poema(s) da cabra

(Nas margens do Mediterrâneo
não se vê um palmo de terra
que a terra tivesse esquecido
de fazer converter em pedra.

Nas margens do Mediterrâneo
não se vê um palmo de pedra
que a pedra tivesse esquecido
de ocupar com sua fera.

Ali, onde nenhuma linha
pode lembrar, porque mais doce,
o que até chega a parecer
suave serra de uma foice,

não se vê um palmo de terra,
por mais pedra ou fera que seja,
que a cabra não tenha ocupado
com sua planta fibrosa e negra.)

I

A cabra é negra. Mas seu negro
não é negro do ébano douto
(que é quase azul) ou negro rico
do jacarandá (mais bem roxo).

O negro da cabra é o negro
do preto, do pobre, do pouco.
Negro da poeira, que é cinzento.
Negro da ferrugem, que é fosco.

Negro do feio, às vezes branco.
Ou o negro do pardo, que é pardo.
Disso que não chega a ter cor
ou perdeu toda cor no gasto.

É o negro da segunda classe.
Do inferior (que é sempre opaco).
Disso que não pode ter cor
porque em negro sai *mais barato*.

2

Se o negro quer dizer noturno,
o negro da cabra é solar.
Não é o da cabra o negro noite.
É o negro de sol. Luminar.

Será o negro do queimado
mais que o negro da escuridão.
Negra é do sol que acumulou.
É o negro mais bem do carvão.

Não é o negro do macabro.
Negro funeral. Nem do luto.
Tampouco é o negro do mistério,
de braços cruzados, eunuco.

É mesmo o negro do carvão.
O negro da hulha. Do coque.
Negro que pode haver na pólvora:
negro de vida, não de morte.

3

O negro da cabra é o negro
da natureza dela cabra.
Mesmo dessa que não é negra,
como a do Moxotó, que é clara.

O negro é o duro que há no fundo
da cabra. De seu natural.
Tal no fundo da terra há pedra,
no fundo da pedra, metal.

O negro é o duro que há no fundo
da natureza sem orvalho
que é a da cabra, esse animal
sem folhas, só raiz e talo,

que é a da cabra, esse animal
de alma-caroço, de alma córnea,
sem moelas, úmidos, lábios,
pão sem miolo, *apenas côdea.*

4

Quem já encontrou uma cabra
que tivesse ritmos domésticos?
O grosso derrame do porco,
da vaca, de sono e de tédio?

Quem encontrou cabra que fosse
animal de sociedade?
Tal o cão, o gato, o cavalo,
diletos do homem e da arte?

A cabra guarda todo o arisco,
rebelde, do animal selvagem,
viva demais que é para ser
animal dos de luxo ou pajem.

Viva demais para não ser,
quando colaboracionista,
o reduzido irredutível,
o *inconformado conformista.*

5

A cabra é o melhor instrumento
de verrumar a terra magra.
Por dentro da serra e da seca
nada chega onde chega a cabra.

Se a serra é terra, a cabra é pedra.
Se a serra é pedra, é pedernal.
Sua boca é sempre mais dura
que a serra, não importa qual.

A cabra tem o dente frio,
a insolência do que mastiga.
Por isso o homem vive da cabra
mas sempre a vê como inimiga.

Por isso quem vive da cabra
e não é capaz do seu braço
desconfia sempre da cabra:
diz que tem *parte com o Diabo.*

6

Não é pelo vício da pedra,
por preferir a pedra à folha.
É que a cabra é expulsa do verde,
trancada do lado de fora.

A cabra é trancada por dentro.
Condenada à caatinga seca.
Liberta, no vasto sem nada,
proibida, na verdura estreita.

Leva no pescoço uma canga
que a impede de furar as cercas.
Leva os muros do próprio cárcere:
prisioneira e carcereira.

Liberdade de fome e sede
da ambulante prisioneira.
Não é que ela busque o difícil:
é que a sabem *capaz de pedra*.

7

A vida da cabra não deixa
lazer para ser fina ou lírica
(tal o urubu, que em doces linhas
voa à procura da carniça).

Vive a cabra contra a pendente,
sem os êxtases das descidas.
Viver para a cabra não é
re-ruminar-se introspectiva.

É, literalmente, cavar
a vida sob a superfície,
que a cabra, proibida de folhas,
tem de desentranhar raízes.

Eis porque é a cabra grosseira,
de mãos ásperas, realista.
Eis porque, mesmo ruminando,
não é *jamais contemplativa*.

8

Um núcleo de cabra é visível
por debaixo de muitas coisas.
Com a natureza da cabra
outras aprendem sua crosta.

Um núcleo de cabra é visível
em certos atributos roucos
que têm as coisas obrigadas
a fazer de seu corpo couro.

A fazer de seu couro sola,
a armar-se em couraças, escamas:
como se dá com certas coisas
e muitas condições humanas.

Os jumentos são animais
que muito aprenderam da cabra.
O nordestino, convivendo-a,
fez-se de sua *mesma casta*.

9

O núcleo da cabra é visível
debaixo do homem do Nordeste.
Da cabra lhe vem o escarpado
e o estofo nervudo que o enche.

Se adivinha o núcleo da cabra
no jeito de existir, Cardozo,
que reponta sob seu gesto
como esqueleto sob o corpo.

E é outra ossatura mais forte
que o esqueleto comum, de todos;
debaixo do próprio esqueleto,
no fundo centro de seus ossos.

A cabra deu ao nordestino
esse esqueleto mais de dentro:
o aço do osso, que resiste
quando o osso perde seu cimento.

        ✶

(O Mediterrâneo é mar clássico,
com águas de mármore azul.
Em nada me lembra das águas
sem marca do rio Pajeú.

As ondas do Mediterrâneo
estão no mármore traçadas.
Nos rios do Sertão, se existe,
a água corre despenteada.

As margens do Mediterrâneo
parecem deserto balcão.
Deserto, mas de terras nobres
não da piçarra do Sertão.

Mas não minto o Mediterrâneo
nem sua atmosfera maior
descrevendo-lhe as cabras negras
em termos das do Moxotó.)

O automobilista infundioso

Viajar pela *Provença*
é ir do timo à alfazema;
ir da lavanda à mostarda
como de uma a outra comarca.

É viajar nos cheiros castos,
ainda vegetais, em mato:
do casto normal de planta,
do sadio, de criança.

Cheiros-comarca, ao ar livre,
antes de que Grasse ou Nice
os misturem no óleo grosso
que lhes dá sabor de corpo.

Comarcas-cheiro, onde o carro
corre familiarizado:
onde a brisa e a gasolina
se confundem na alma limpa.

*

Após léguas de *Sertão*
só o carro vai resvalão,
pois a alma que ele carrega
se arrasta por paus e pedras.

Ela vai qual se a ralasse
a lixa R da paisagem;
ou qual se em corpo, despida,
varasse a caatinga urtiga;

ou se estivesse seu corpo,
como uma casaca-de-couro,
dentro de um ninho farpado,
feito de espinhos e talos;

ou fosse ela este carro
que, em vez de lubrificado,
rolasse com as juntas secas:
ou azeitadas com areia.

*

Qualquer campo da *Inglaterra*,
ainda em dia cru, sem névoa,
mostra o aspecto algodoento
de uma névoa todo-o-tempo.

A névoa-sempre algodoa
o espaço de coisa a coisa;
embota nelas as quinas,
o duro e o claro, o que é linha.

E além do aspecto: o contato
também se faz algodoado:
algodão na certa é a hera
que abraça sem roer a pedra;

e as estradas e este carro
percorrem-se em tom tão baixo
que as rodas na certa vão
(e são) por sobre algodão.

*

Quem vai de carro em *La Mancha*
recebe impressão estranha:
a de que ele vai rolando
na água aberta do oceano.

A Mancha é tão larga, à roda,
que ele não divisa costas;
tão chã, que se sentirá
entre horizontes de mar.

Assim, a haste no horizonte
é o mastro de um barco longe
e é a agulha de uma igreja
de um povoado que chega.

Que chega: mas quem a quem?
quem chega? quem vai ou vem?
Sente-se chegar no carro
e chegar a vila ou barco.

Olinda em Paris
(passeando com Cícero Dias)

A Mario Gibson Barboza

Na ilha antiga de São Luís,
que abre em dois o Sena em Paris,

existia um *Hotel Olinda*
(existia, não sei se ainda).

Cícero, ciceroneando
todo amigo pernambucano,

diante do hotel recomendava:
"Vem da Olinda nossa essa placa,

mas o dono não pergunte onde
ele descobriu esse nome.

O dono próprio me contou
que com o nome o hotel comprou,

e o mantém sem querer saber
se é um quando, um donde ou um quê.

Mas se alguém pergunta ainda
por que o hotel se chama Olinda,

num só dia o fará mudar
para outro que nada dirá:

para outro insípido e vazio,
exemplo: para *Hotel do Rio*".

A tartaruga de Marselha

Sai de casa para matar-se.
Desce à Corniche, onde Marselha
não é praia nem porto, é a pique,
cai a pique num mar de pedras.

Ao sair de casa carrega,
como joia, a que possuía:
a pedra de uma tartaruga,
pedra viva e de companhia.

Quando quase a precipitar-se,
vê que levava a tartaruga
e que ela nada tinha a ver
com a humanidade e suas cuitas.

Deixa-a na mureta que há
entre o marselhês e o abismo;
pensa: sem mim alcançará
a vez do seu próprio Juízo.

Certo essa pedra tem instintos,
mesmo se é pouco nela o bicho;
mas pouco e encolhido na pedra
ele é animal, e tem caprichos,

um dos quais é querer ainda
continuar a sentir-se em vida,
desafiar os riscos do trânsito
a despenhar-se ali, suicida.

Eis a tartaruga a correr
como não fazem as tartarugas,
ei-la que salta da mureta,
não para o abismo, para a rua,

onde outra espécie tartaruga
corre com insensibilidade
do aço, que se sabe que é de aço
e o que lhe cabe em homenagem.

Ela então vê que a tartaruga
nada tem a ver com sua guerra,
nem pediu para suicidar-se
junto com ela, contra as pedras.

Apanha o bicho com paciência,
com ele reatravessa a rua,
volta a casa para guardá-lo
no seu nicho de tartaruga.

Mas passa que, chegando em casa,
aquilo de que ela fugira,
a guerra doméstica acesa,
se incendiara mais ainda.

Resguarda a tartaruga e cai:
não nas pedras que pretendia,
mas nas outras, mais pontiagudas,
que entre todos se proferiam.

Cai entre palavras que voam
como pedras, pedras de briga;
a guerra estava em plena guerra
e armistício ninguém queria,

e ela entra nela como quem
faz assassina a alma suicida.
No outro dia não se explicava
por que quis matar-se esse dia.

Em 1960, a editora portuguesa Guimarães Editores lançou o livro *Quaderna*. Nesse mesmo ano, foi nomeado primeiro-secretário da embaixada em Madri.

Publicou em Madri, por conta própria, o poema *Dois parlamentos*, antes de voltar ao Brasil como chefe de gabinete do ministro da Agricultura, seu primo Romero Cabral da Costa. Brasília, ainda nos seus primórdios, o encantou. Por sua arquitetura, urbanismo, mas sobretudo por seu horizonte. Ele dizia sentir-se como num prato fundo, com o horizonte mais alto do que o horizonte marinho com o qual estava acostumado. Não se importava com a poeira vermelha, nem com a secura do ar. Minha mãe não se adaptou ao clima e voltou para o Rio de Janeiro com meus irmãos, deixando a mim e a minha irmã na cidade com ele. Alegaram que não havia um bom colégio para eles em Brasília. Vemos aí aflorar o patriarca nordestino, a educação dos filhos sendo mais importante do que a das filhas, pois mais tarde terão que sustentar as respectivas famílias. Portanto, ficamos com ele, minha irmã e eu.

Estudávamos num colégio de freiras dominicanas, eu entrava na escola de manhã, minha irmã à tarde. Ele sempre detestou duas coisas: acordar cedo e dirigir. Eu tinha que estar na escola às sete horas da manhã. Ele saía de casa sonolento, de pijama, ao volante de um Oldsmobile automático preto que ele não dominava, e lá íamos nós, eu e ele, em direção ao colégio. O carro geralmente morria uma ou duas vezes até chegar lá, e ele fazia o caminho todo resmungando. Passou a me subornar dois ou três dias por semana para que eu matasse aula. Depois de alguns dias, eu já tinha lido todos os gibis, tinha visto os filmes em cartaz (só havia na época dois cinemas em Brasília) e ir à escola era mais divertido do que ficar em casa sem fazer nada, o que para ele, infelizmente, me tornava incorruptível.

No dia da renúncia de Jânio Quadros, ele foi buscar-nos no colégio. A cidade estava em polvorosa. Minha irmãzinha estava aos prantos porque tinha perdido sua merendeira cor-de-rosa. Meu pai rodou todas as lojas da cidade, alvoroçada com a renúncia, atrás de uma merendeira nova para ela. Conseguiu. No dia seguinte, a merendeira que provocou tantas lágrimas foi encontrada na escola. Esse era o pai João Cabral.

Com a renúncia de Jânio Quadros, em 1961, voltou para a embaixada de Madri. A Editora do Autor, de Rubem Braga e Fernando Sabino, lançou o livro *Terceira feira,* que reunia *Quaderna* e *Dois parlamentos*, ainda inéditos no Brasil, além de uma nova coletânea de poemas, *Serial.* Em Madri, pôde voltar a viver a cultura e a literatura com as quais se identificava:

> A literatura espanhola é a mais concreta que há. Foi isso que me seduziu, porque eu sempre procurei fazer uma poesia concreta, quer dizer, com predominância dos vocábulos concretos.

Quando cheguei à Espanha e conheci bem a literatura espanhola é que vi que ela é a literatura mais concreta do mundo. A literatura menos abstrata do mundo. No poema do Cid [*Cantar de Mío Cid*, de autor anônimo] tem um momento em que há um choque de cavaleiros cristãos e cavaleiros mouros; morre muita gente e muitos cavalos correm disparados. Então, sabe como o autor diz isso, que muitos cavalos fugiram disparados? "Muitos cavalos fugiram sem seus donos." A ideia do cavalo correndo sozinho, sem seu cavaleiro, compreende? Em Berceo [Gonzalo de Berceo, 1195?-1253?], na *Vida de Santa Oria*, tem outra coisa sintomática também. [...] Diz a lenda que Santa Oria, ela era freira, foi levada dormindo ao céu. Ser levada para o céu é uma coisa abstrata. Em Berceo, não. Berceo faz Santa Oria dormindo num convento, dois anjos vêm carregá-la, sobem até o céu como se ela fosse um passarinho, chegam ao céu, o céu está fechado! Berceo é da Idade Média. As cidades a certa hora fechavam as portas. O céu era um grande palácio iluminado, mas não era hora de estar aberto, estava fechado. De forma que eles pousaram, os anjos e Santa Oria pousaram numa árvore que tinha defronte das portas e esperaram o dia seguinte para que as portas abrissem para ela poder entrar. Você vê como é uma descrição inteiramente concreta.[8]

Durante sua estadia, passou por lá o escultor Franz Weissman, que fazia na época experiências com placas de metal e ácido. A vida estava difícil para ele na cidade. João Cabral deu-lhe pouso e guarita, comprou vários de seus trabalhos e conseguiu um espaço para uma exposição, para a qual fez, inclusive, o texto de apresentação, que consta de suas obras completas. Esse era o amigo João Cabral.

Em 1962, foi transferido como cônsul de volta a Sevilha, onde mais uma vez se enfronhou no flamenco e na sua cidade predileta. Um dia, recebeu no consulado uma mensagem da guarda costeira informando que um barco tinha entrado pela foz do rio Guadalquivir e se dirigia a Sevilha com uma imensa bandeira do Brasil na popa. A bandeira era tão grande que sua ponta mergulhava na esteira do barco, e foi isso que chamou a atenção das autoridades espanholas. Quando o barco chegou a Sevilha, qual não foi o espanto de meu pai ao ver saltar da nave seu amigo Rubem Braga, na época embaixador em Rabat, que chegava para fazer-lhe uma surpresa. Quando lhe perguntou o porquê de uma bandeira tão grande, a resposta do Rubem foi que como o barco transportava uma autoridade brasileira, tinha que ter a bandeira desfraldada, e a única que conseguiu foi a que é içada na entrada da embaixada no dia 7 de setembro e em outras datas comemorativas nacionais.

Medinaceli

(*Terra provável do autor anônimo do* Cantar de Mío Cid)

Do alto de sua montanha
numa lenta hemorragia
do esqueleto já folgado
a cidade se esvazia.

Puseram Medinaceli
bem na entrada de Castela
como no alto de um portão
se põe um leão de pedra.

Medinaceli era o centro
(nesse elevado plantão)
do tabuleiro das guerras
entre Castela e o Islão,

entre Leão e Castela,
entre Castela e Aragão,
entre o barão e seu rei,
entre o rei e o infanção,

onde engenheiros, armados
com abençoados projetos,
lograram edificar
todo um deserto modelo.

Agora, Medinaceli
é cidade que se esvai:
mais desce por esta estrada
do que esta estrada lhe traz.

Pouca coisa lhe sobrou
senão ocos monumentos,
senão a praça esvaída
que imita o geral exemplo;

pouca coisa lhe sobrou
se não foi o poemão
que poeta daqui contou
(talvez cantou, cantochão),

que poeta daqui escreveu
com a dureza de mão
com que hoje a gente daqui
diz em silencio seu *não*.

Imagens em Castela

Se alguém procura a imagem
da paisagem de Castela
procure no dicionário:
meseta provém de mesa.

É uma paisagem em largura,
de qualquer lado infinita.
É uma mesa sem nada
e horizontes de marinha

posta na sala deserta
de uma ampla casa vazia,
casa aberta e sem paredes,
rasa aos espaços do dia.

Na casa sem pé-direito,
na mesa sem serventia,
apenas, com seu cachorro,
vem sentar-se a ventania.

E quando não é a mesa
sem toalha e sem terrina,
a paisagem de Castela
num grande palco se amplia:

no palco raso, sem fundo,
só horizonte, do teatro
para a ópera que as nuvens
dão ali em espetáculo:

palco raso e sem fundo,
palco que só fosse chão,
agora só frequentado
pelo vento e por seu cão.

No mais, não é Castela
mesa nem palco, é o pão:
a mesma crosta queimada,
o mesmo pardo no chão;

aquele mesmo equilíbrio,
de seco e úmido, do pão,
terra de águas contadas
onde é mais contado o grão;

aquela maciez sofrida
que se pode ver no pão
e em tudo o que o homem faz
diretamente com a mão.

E mais: por dentro, Castela
tem aquela dimensão
dos homens de pão escasso,
sua calada condição.

Encontro com um poeta

Em certo lugar da Mancha,
onde mais dura é Castela,
sob as espécies de um vento
soprando armado de areia,
vim surpreender a presença,
mais do que pensei, severa,
de certo Miguel Hernández,
hortelão de Orihuela.
A voz desse tal Miguel,
entre palavras e terra
indecisa, como em Fraga
as casas o estão da terra,
foi um dia arquitetura,
foi voz métrica de pedra,
tal como, cristalizada,
surge Madrid a quem chega.
Mas a voz que percebi
no vento da parameira
era de terra sofrida
e batida, terra de eira.
Não era a voz expurgada
de suas obras seletas:
era uma edição do vento,
que não vai às bibliotecas,

era uma edição incômoda,
a que se fecha a janela,
incômoda porque o vento
não censura mas libera.
A voz que então percebi
no vento da parameira
era aquela voz final
de Miguel, rouca de guerra
(talvez ainda mais aguda
no sotaque da poeira;
talvez mais dilacerada
quando o vento a interpreta).
Vi então que a terra batida
do fim da vida do poeta,
terra que de tão sofrida
acabou virando pedra,
se havia multiplicado
naquelas facas de areia
e que, se multiplicando,
multiplicara as arestas.
Naquela edição do vento
senti a voz mais direta:
igual que árvore amputada,
ganhara gumes de pedra.

Outro rio: o Ebro

Vou quase sempre entre o gesso
do esqueleto do animal
que veio cair de sede
nestas terras de Aragão.

O gesso também perece,
não morde mais como a cal.
Dir-se-ia que até a pedra
morreu de sede e de sol.

Vou entre as estreitas hortas,
fresco o lábio vegetal,
do corredor tão estreito
que a vida habita em Aragão,

entre casas extraviadas
no deserto literal
e que ao passar alinhavo
com água de meu carretel,

entre vilas desmaiadas
(hipnose de sol e azul)
e aldeias de entranhas secas
feitas do gesso geral

(sem que a água jamais reflita,
água de cego cristal,
as torres de barro opaco
que o mouro abriu a cinzel).

Disponho de um leito largo
como cama de casal,
mas é pouco deste leito
que cubro com meu lençol.

Pois assim mesmo tão fraco
no duro chão mineral,
só veia regando ainda
curtido couro animal,

sou destas terras ossudas
líquida espinha dorsal
e até mesmo fui trincheira
(quando do *front* de Aragão).

Murilo Mendes e os rios

Murilo Mendes, cada vez
que de carro cruzava um rio,
com a mão longa, episcopal,
e com certo sorriso ambíguo,

reverente, tirava o chapéu
e entredizia na voz surda:
Guadalete (ou que rio fosse),
o Paraibuna *te saluda.*

Nunca perguntei onde a linha
entre o de sério e de ironia
do ritual: eu ria amarelo,
como se pode rir na missa.

Explicação daquele rito,
vinte anos depois, aqui tento:
nos rios, cortejava o Rio,
o que, sem lembrar, temos dentro.

Uma sevilhana pela Espanha

No sol de mar do céu de *Cádiz*,
mediterrâneo e classicista,
que dá às coisas mais terrosas
carne de estátua ou peixe, vítrea,

ela seguia carne
do campo de Sevilha:
carne de terra adentro,
carnal, jamais marisca.

*

Durante essas ruas paris
de *Barcelona*, tão avenida,
entre uma gente meio londres
urbanizada em mansas filas,

chegava a desafio
seu caminhar sevilha:
que é levando a cabeça
em flor que fosse espiga.

Dentro da vida de *Madrid*,
onde Castela, monja e bispa,
alguma vez deixa-se rir,
deixa-se ser Andaluzia,

logo se descobria
seu ter-se, de Sevilha:
como, se o riso é claro,
há mais riso em quem ria.

*

Através túneis de *museus*,
museus-mosteiros que amortiçam
a luz já velha, castelhana,
sobre obras mortas de fadiga,

tudo ela convertia
no museu de Sevilha:
museu entre jardins
e caules de água viva.

Túmulo de Jaime II

Jaime, rei de Aragão,
se fez estranha tumba:
da banheira de pórfiro
de uma sultana turca.

Ou pensava que a morte
é mar de espinhos, puas,
e uma barca de pedra
viaja-o mais segura,

ou que a morte é um banho
morno, deliquescente,
e na tumba banheira
se vai mais sensualmente.

Estátuas jacentes

I

Certas parecem dormir
de um sono empedernido
que gelasse seu sangue,
veias de arame rígido;

e que as veias de ferro
lhe fossem interno cárcere,
aprisionando o corpo
entre enramadas grades.

2

Outras como que dormem
do sono empedernido,
mas não interno, externo,
ou de um sono vestido;

estão como vestidas
de sua morte, engomadas,
dentro de seus vestidos
duros, emparedadas.

O profissional da memória

Passeando presente dela
pelas ruas de Sevilha,
imaginou injetar-se
lembranças, como vacina,

para quando fosse dali
poder voltar a habitá-las,
uma e outras, e duplamente,
a mulher, ruas e praças.

Assim, foi entretecendo
entre ela e Sevilha fios
de memória, para tê-las
num só e ambíguo tecido;

foi-se injetando a presença
a seu lado numa casa,
seu íntimo numa viela,
sua face numa fachada.

Mas, desconvivendo delas,
longe da vida e do corpo,
viu que a tela da lembrança
se foi puindo pouco a pouco;

já não lembrava do que
se injetou em tal esquina,
que fonte o lembrava dela,
que gesto dela, qual rima.

A lembrança foi perdendo
a trama exata tecida,
até um sépia diluído
de fotografia antiga.

Mas o que perdeu de exato
de outra forma recupera:
que hoje qualquer coisa de uma
traz da outra sua atmosfera.

Bancos & catedrais

Quando de carro comigo
por Sevilha, Andaluzia,
passando por cada igreja,
recolhida, te benzias.

Pela larga Andaluzia
ninguém se engana de igreja:
amplas paredes caiadas
com portais pardos, de pedra.

Contudo, quando comigo
pela Vila de Madrid,
notei que tu te benzias
passando o que, para ti,

lembrava vulto de igreja.
O que era monumental
fazia-te imaginar:
eis mais outra catedral.

Sem querer, não te enganavas:
se não eram catedrais
eram matrizes de bancos,
o verbo de onde as filiais.

Só erravas pela metade
benzendo-te em frente a bancos;
quem sabe foram construídos
para lucrar desse engano?

España en el corazón

I

A Espanha é uma coisa de tripa.
Por que "Espanha no coração"?
Por essa víscera é que vieram
São Franco e o séquito de Sãos.

A Espanha é uma coisa de tripa.
O coração é só uma parte
da tripa que faz o espanhol:
é a que bate o alerta e o alarme.

2

A Espanha é uma coisa de tripa,
do que mais abaixo do estômago;
a Espanha está nessa cintura
que o toureiro oferece ao touro,

e que é de donde o andaluz sabe
fazer subir seu cantar tenso,
a expressão, explosão, de tudo
que se faz na beira do extremo.

3

De tripas fundas, das de abaixo
do que se chama o baixo-ventre,
que põem os homens de pé,
e o espanhol especialmente.

Dessa tripa de mais abaixo
como escrever sem palavrão?
A Espanha é coisa dessa tripa
(digo alto ou baixo?), de colhão.

4

A Espanha é coisa de colhão,
o que o pouco ibérico Neruda
não entendeu, pois preferiu
coração, sentimental e puta.

A Espanha não teme essa tripa;
dela é a linguagem que ela quer,
toda Espanha (não sei é como
chamar o colhão da mulher).

O exorcismo

Madrid, novecentos sessenta.
Aconselham-me o Grão-Doutor.
"Sei que escreve: poderei lê-lo?
Senão tudo, o que acha melhor."

Na outra semana é a resposta.
"Por que da morte tanto escreve?"
"Nunca da minha, que é pessoal,
mas da morte social, do Nordeste."

"Certo. Mas, além do senhor,
muitos nordestinos escrevem.
Ouvi contar de sua região.
Já li algum livro de Freyre.

Seu escrever da morte é exorcismo,
seu discurso assim me parece:
é o pavor da morte, da sua,
que o faz falar da do Nordeste."

Em 1964, João Cabral foi nomeado conselheiro para a Delegação do Brasil junto à Organização das Nações Unidas (ONU) e se instalou em Genebra. O frio incomodou demais o pernambucano. Portanto, o termostato de casa ficava regulado para trinta graus, pois, segundo ele, sua casa era território brasileiro e no Brasil faz calor. Então, usávamos roupas de verão dentro de casa e, ao sair, tínhamos que nos vestir com casacos, meias, luvas etc. Não sei como não morremos de pneumonia, com essas mudanças de temperatura. Nessa época nasceu meu irmão caçula: João para o mundo e Joãozinho para nós.

Como não gostava muito do seu trabalho junto à ONU, em 1966 conseguiu ser transferido para a embaixada em Berna, como ministro-conselheiro. O charme medieval e a tranquilidade da cidade o encantaram. Instalou-se numa casa à beira do rio, perto do fosso dos ursos, homenagem da cidade aos animais que a batizaram. Do outro lado do rio ficava a cidade velha, com suas pedras douradas, suas calçadas cobertas, suas esculturas policromadas, seus relógios e seus carrilhões. Essa casa tornou-se o centro de encontros dos brasileiros que trabalhavam em Genebra e que acorriam a Berna nos fins de semana. Como a vida social diplomática em Berna era muito ativa, ele aprimorou um sistema que lhe permitia fugir de suas festas, jantares e coquetéis. Quando recebia um convite para um evento sem lugar marcado, o aceitava mas não comparecia, porque, segundo ele, ninguém o conhecia e não dariam por sua falta. Mas quando se tratava de jantares ou almoços com lugar marcado, declinava o convite, inventando compromissos. Agia assim porque se declinasse todos, se tornaria antipático ante o corpo diplomático local. Essa era a vida social do diplomata João Cabral.

Enquanto vivia na Suíça, visitou o Migräne-Chirurgie-Zentrum em Zurique, para ver se conseguia uma solução para a dor de cabeça que desde os dezessete anos não o abandonava. Quando visitou o centro, um médico mostrou-lhe uma paciente e disse: "A sua sorte é que se trata com aspirina. Esta paciente está aqui porque sua dor só responde positivamente à morfina. Depois de tomar outros tipos de medicamentos durante anos, seu organismo habituou-se a eles". Ele ficou tão impressionado com esse fato que escreveu "Num monumento à aspirina", incluído nesta antologia. Concluídos os exames clínicos para pesquisar a origem de sua cefaleia, não foi encontrada nenhuma razão física para essa dor. Como estava situada na região de sua sobrancelha esquerda, o médico lhe disse que poderia cortar o nervo afetado, um tratamento experimental. Não seria uma solução definitiva, pois o nervo poderia regenerar-se. Ele aceitou. Foi-lhe dito que a intervenção seria rápida, o mais demorado seria a anestesia. Ele não gostava de hospitais, portanto pediu para que essa intervenção fosse feita a frio. O médico tentou dissuadi-lo, alegando que a dor seria rápida, porém muito intensa. Não adiantou. Contava depois que essa foi a dor mais forte que sentiu na vida. Apesar de a área da testa em que se situava o nervo ter ficado insensível durante vários anos, a dor de cabeça não cedeu.

Ainda em 1966, uma noite, durante o jantar, abriu uma carta de Silney Siqueira, diretor teatral que lhe pedia autorização para montar *Morte e vida severina*, musicada por um jovem em início de carreira, Chico Buarque de Holanda, com o Tuca (o grupo de teatro da PUC de São Paulo). Ficou preocupadíssimo ao saber que sua poesia ganharia música. Porém, nunca se sentiu no direito de cercear qualquer criação nascida de seu trabalho, como diria anos depois numa entrevista a Régis Bonvicino: "Depois de impresso em livro, não ligo, não é mais meu, podem fazer o que quiserem com o poema, já não o sinto com a mesma intensidade". Deu, portanto, a autorização solicitada.

Essa montagem foi selecionada para um festival de teatro universitário em Nancy (França) onde fomos vê-la, ele, minha mãe e eu. Ficou fascinado com a direção, a cenografia, o elenco e até, e sobretudo, com a música. Resolveu deixar-me com o Tuca durante a semana em que o grupo passaria na cidade, para que eu tivesse contato com a juventude brasileira, pois, segundo ele, estava me tornando cada vez mais europeia. Nos primeiros dias que passei lá, eu era a filha de João Cabral. Depois que a semana passou, ele ligou para o hotel avisando que no dia seguinte passaria com minha mãe para me buscar. Era um hotel pequeno, com telefone apenas na recepção. Quem atendeu foi o Chico Buarque que, virando-se para o grupo, disse: "O pai da Inez está chegando amanhã". Essa mudança de tratamento me encantou, e esse continua sendo um dos maiores orgulhos que senti na vida. Filhos de pais famosos entenderão meu sentimento.

Por conta do sucesso no festival, que foi estrondoso, o espetáculo foi montado em Paris, obtendo o mesmo reconhecimento, e em várias cidades de Portugal, antes de voltar ao Brasil, onde seria encenado no Teatro Municipal do Rio de Janeiro. Ele compareceu ao teatro, onde assistiu à peça ao lado do então presidente Castello Branco. Ficou tenso no encerramento, pois Severino terminava a peça brandindo a foice que segurava com a mão esquerda. Para seu alívio, Castello Branco não reparou, ou caso tenha reparado, não disse nada. Apenas comentou: "Sou cearense, conheço bem essa realidade".

Nessa época, foi convidado para uma conferência de escritores na cidade de Bruges, na Bélgica. Quando eu soube que Jean-Paul Sartre compareceria ao evento pedi que me trouxesse de presente um autógrafo dele. Resposta seca de meu pai: "Só pediria um autógrafo a Jean-Paul Sartre se ele soubesse quem é João Cabral de Melo Neto". E Sartre sabia, por conta do sucesso estrondoso de *Morte e vida severina* em Paris. Mas, mesmo assim, fiquei sem o meu autógrafo.

Em Bruges, escreveu uma anotação num cartão de visitas, que incluí nesta antologia. Achei esse cartão de visitas entre as páginas de um livro, depois de sua morte. Ele veio satisfazer uma velha curiosidade que eu tinha em ler os bilhetinhos misteriosos que anotava em pedaços de papel à mão, enquanto conversava, lia, ou simplesmente apreciava a paisagem. Não é um poema pronto, apenas uma ideia a respeito de um de seus temas preferidos, a pedra. Incluí também o poema "A doença do mundo físico", por ser a Suíça um país alpino, onde a pedra reina imperiosa, ocupando todo o horizonte.

6.9.65 — Em Bruges la vivíssima

*1. tema: por que essa sensação de acolhimento, de regaço diante de
certas coisas medievais, velhas, gastas, roídas, da Europa? Como se
fosse uma redescoberta do útero? E por que, noutros momentos, essa
necessidade de simetria, moderno, Brasília, Mondrian, mundo con-
certado? Estudar essa dualidade de procuras e ver o que é. (E o que
pode dar).*

*2. O tijolo e a pedra. Em Bruges, principalmente na catedral (igreja
de são salvador e na torre arranha-céu e fortaleza) e nas ruelas e
noutros lugares encontrei ~~uma pedra duríssima~~ um tijolo duríssimo:
sem porosidade, um tijolo fortaleza. E em muitos lugares, uma pedra
roída, macia, branda, fofa como um ninho. Que homem era esse que
fazia pedras? E que pedra era que se fazia ninho?*

Num monumento à aspirina

Claramente: o mais prático dos sóis,
o sol de um comprimido de aspirina:
de emprego fácil, portátil e barato,
compacto de sol na lápide sucinta.
Principalmente porque, sol artificial,
que nada limita a funcionar de dia,
que a noite não expulsa, cada noite,
sol imune às leis da meteorologia,
a toda hora em que se necessita dele
levanta e vem (sempre num claro dia):
acende, para secar a aniagem da alma,
quará-la, em linhos de um meio-dia.

*

Convergem: a aparência e os efeitos
da lente do comprimido de aspirina:
o acabamento esmerado desse cristal,
polido a esmeril e repolido a lima,

prefigura o clima onde ele faz viver
e o cartesiano de tudo nesse clima.
De outro lado, porque lente interna,
de uso interno, por detrás da retina,
não serve exclusivamente para o olho
a lente, ou o comprimido de aspirina:
ela reenfoca, para o corpo inteiro,
o borroso de ao redor, e o reafina.

Saudades de Berna

Onde jamais reencontrar
a submissa ambiência suíça?
onde outra vez reencontrar
a insuíça voz insubmissa?

A doença do mundo físico

Existe a pedra muscular,
sã, muito embora tumefacta:
exemplo, a pedra carioca,
pedra de couro tenso, grávida.

Há uma magra e sã, mas a pedra
magra, em geral, é cancerosa:
o *marne* do Ardèche, escamado,
bom para ruínas arqueológicas.

E há uma ambígua, a do elefante:
vista de longe é pedra prenha,
estuante e sã, pedra carnal,
pedra animal, mais do que pedra;

mas que de perto é pedra murcha,
tapera, doente, carunchosa,
e, se de animal, de um animal
que fosse ruína arqueológica.

Em 1967, voltou a Barcelona como cônsul-geral e teve a oportunidade de reencontrar velhos amigos, frequentar os mesmos bares, andar pelas mesmas ruas e promover feijoadas em seu apartamento, às quais compareciam todos os estudantes brasileiros que moravam em Barcelona, inclusive alguns que vinham de Madri, da França e até de Portugal.

Em 1968, foi lançada a primeira edição de suas *Poesias completas*. Nesse mesmo ano foi eleito para a Academia Brasileira de Letras por unanimidade.

Depois de tomar posse na Academia, na vaga de Assis Chateaubriand, foi transferido para a embaixada no Paraguai como ministro-conselheiro, onde permaneceu até 1972, quando foi nomeado embaixador no Senegal, Mauritânia, Mali e Guiné. Passou a residir em Dacar, onde tomou conhecimento da literatura praticada na África. Interessou-se muitíssimo pela arte e pela cultura africanas, com ênfase na escultura, por achá-la mais independente do que a literatura, como explica em um de seus poemas africanos que fazem parte desta antologia.

Enquanto residia no Senegal, sentia uma enorme saudade de Pernambuco e dos filhos que moravam no Rio de Janeiro. Com ele permaneciam apenas os dois caçulas. Em 1973, nasceu no Rio de Janeiro a sua primeira neta, e essa saudade recrudesceu, fazendo-o escrever num álbum uma série de poemas dedicados a ela, escritos enquanto olhava as suas fotos, chamado *Ilustrações para fotografias de Dandara — Editora do Avô, 1975*, no qual essa saudade transparece. Um desses poemas foi incluído nesta antologia. Em 1975, enquanto ainda residia em Dacar, a editora José Olympio lançou o seu *Museu de tudo*, onde se encontram vários de seus poemas africanos.

Em Marraquech

A *Jemaa-el-Fna* de Marraquech
é mais do que um museu de tudo:
é um circo-feira, é um teatro,
onde o tudo está vivo e em uso.

No raso descampado urbano
(no Nordeste, pátio de feira)
cada um se exibe no que sabe
(no Hyde Park, no que pensa),

sem pensar se aquilo que exibe
pode ou não achar o seu público:
dos dois marroquinos de saia
lutando seu boxe anacrônico,

até os *camelots*, os poetas,
os mil circos do circo, o padre,
cada um em seu círculo próprio
no circo amplo e comum da tarde.

Na mesquita de Fez

A mesquita de Fez não tem
um de fora, uma casca;
as tendas que se apoiam nela
é que lhe são fachada.

É impossível a quem de fora
não só apreendê-la
ou antecipá-la, mas saber
onde mesmo começa.

Tem de entrá-la, pois só de dentro
inteira se revela
essa arquitetura que existe
só pela face interna.

Como em nenhuma, o seu de dentro
consegue se fundar
sem seu de fora, e mais: esquecer
que o de fora é bazar.

Díptico

§ A verdade é que na poesia   *The aged eagle*
   de seu depois dos cinquenta,
   nessa meditação areal
   em que ele se desfez, quem tenta

   encontrará ainda cristais,
   formas vivas, na fala frouxa,
   que devolvem seu dom antigo
   de fazer poesia com coisas.

                    *

§ Na Mauritânia só deserto,   *La rose de sable*
   no seu texto de areia frouxa,
   se descobre a *rose de sable*,
   cristal de verso em plena prosa.

   Rosa de areia, se fez forma,
   se fez rosa, areia empedrada;
   aglutinou sua areia solta,
   se vertebrou numa metáfora.

Impressões da Mauritânia

Na paisagem é seca a tripa
e a boca não tem saliva.
Nem mesmo há a mucosidade
do suor, da sombra, da árvore.

Nem o mar é de água: é de zinco,
teto ondulado, estendido
até o além-olho, no areal
de um país praia integral.

Não há a água muda da poça,
a sílaba úmida da gota;
e só no azul-mar dos mantos
há a ilusão de água e de brando:

que o azul-céu é de um minério
igual aos do cobre e ferro
dos fundos veios, à chave,
sob oásis de azinhavre.

O sol no Senegal

Para quem no Recife
se fez à beira-mar,
o mar é aquilo de onde
se vê o sol saltar.
Daqui, se vê o sol
não nascer, se enterrar:
sem molas, alegria,
quase murcho, lunar;
um sol nonagenário
no fim da circular,
abúlico, incapaz
de um limpo suicidar.

Aqui, deixa-se manso
corroer, naufragar;
não salta como nasce:
se desmancha no mar.

Poema 5

Dandara surpreendida:
quê será que surpreende
Dandara curiosa de tudo:
que coisa seu olhar prende?

De certo uma coisa feia,
que não sabia até então,
a surpreende por ser pouco,
alguém, como o avô: um joão.

Viagem ao Sahel

§   O *sol* com suas lâminas,
    sua luz matemática,
    não corta com bisturi limpo,
    faca de ponta, bala exata.
    Quando opera a paisagem
    opera a machadadas,
    e com algum machado cego,
    rombudo, de pedra lascada.

§   A *água* que tem os dedos líquidos
    esquece aqui as finas maneiras:
    como aqui vem tão raro,
    vem demais e às carreiras.

Deixa por onde opera e passa,
apesar de suas moles sedas,
uma terra estripada
de estupradas canteiras.

§ Como entender que o *vento*,
que não carrega lixas,
possa desse jeito escavar
a chã em que opera cada dia?
Suas mãos, ou o que trazem,
não estão para a vista,
mas fundo esvaziam a paisagem
com suas ferramentas vazias.

§ Como o *tempo*, ainda mais sem corpo,
pode trabalhar suas verrumas?
E, se seu corpo é nada,
onde é que as dissimula?
Ora, como mais que o vento é oco
e sua carne é de nada, é nula,
não agride a paisagem:
é de dentro que atua.

De uma praia do Atlântico

Se o olhar visse curvo,
como se diz que é o espaço,
olhando a sudoeste
de meu atual terraço,

podia ver além
do zinco ondulado (a água)
tuas praias de coqueiros,
pubescentes, não glabras.

Mas há um outro ver
além do primário (o olho),
porque daqui te vejo
com o ver do corpo todo,

sob a táctil luz morna,
com espessura de sucos,
de um sol onde se está
como dentro de um fruto.

Escultura Dogon

Ser deste mundo agreste
que, apesar de sem pedra,
é à beira do fazer-se
pedra a seca falésia,

desenvolve no artista
laconismo de gesto,
um fazer mais lacônico,
sem redondos, severo.

Tratando até a madeira,
dá-lhe perfil só arestas,
a fatura lascada
de quando a pedra quebra.

O baobá no Senegal

É a grande árvore maternal,
de corpulência de matrona,
de dar sombra embora incapaz
(pois o ano todo vai sem folhas):

pela bacia de matriarca,
pelas portinarianas coxas,
pela umidade que sugere
sua carnadura (aliás seca e oca),
vem dela um convite de abraço,
vem dela a efusão calorosa
que vem das criadoras de raça
e das senzalas sem história.

Lembrança do Mali

Os tuaregues do Saara
são azuis por vestir de anil:
o azul infiltra-se na pele,
mas não vai mais fundo dali.

Esse azul, certo, dá-lhes a água
para as semanas sem beber,
que o azul afinal é a cor
em que a água mais dá-se a ver.

O anil não vai além da pele:
não vai ao fundo onde as navalhas,
à ossada seca de que vivem,
nem aos serrotes com que falam.

O baobá como cemitério

Pelo inteiro Senegal,
o túmulo dos *griots*,
misto de poeta, lacaio
e alugado historiador,
se cava no tronco obeso
de um baobá do arredor:

ele é a só urna capaz,
com seu maternal langor,
de adoçar o hálito ruim
todo o vinagre e amargor
que, debaixo da lisonja,
tem a saliva do cantor.

Na Guiné

Conacri dá de volta
Piedade, Pina, Olinda,
praia onde se fala
a língua desta brisa.

Se o que ela diz me escapa,
seu ritmo, seu acento
são esses com que falo
o português brasilento.

O que não reencontro
no mar de igual sotaque
é o horizonte aberto,
nordestino, sem chaves:

aqui as ilhas de Los,
dragões fingindo de ilhas,
fecham-no a quem no mar
queira espraiar-se a cisma.

Praia ao norte de Dacar

O que é mais agoniante
nas Niayes desnudas
é que a savana calva
e o mar que a continua

convivam, cama e mesa,
suas vidas viúvas,
sem que canaviais,
coqueirais, capim-lucas,
ou as matas cajueiras
das praias pernambucas,
tracem nítido aceiro
entre essas camas murchas
e impeçam de algum jeito
essa cópula eunuca,
esse coito lesbiano
entre a savana muda
e a outra, a de água mar,
savana tartamuda.

África & poesia

A voz equivocada da África
está nos *griots* como em Senghor:
ambas se vestem de molambos,
de madapolão ou tussor,

para exclamar-se de uma África,
de uma arqueologia sem restos,
que a história branca e cabras negras
apuraram num puro deserto.

Quem viveu dela e a destruiu
foi expulso, mas está na sala;
para que se vá de uma vez,
tem de ser de não, toda fala.

Não do sim que seus poetas falam,
e que era bom para o ex-patrão:
ainda escrever vale cantar,
cantar vale celebração.

A água da areia

Podem a ablução os muçulmanos
com areia, se não têm água;
fazem da areia um outro líquido,
eficaz igual no que lava.

A areia pode lavar neles
qualquer espécie de pecado;
na ablução ela flui como a água,
dissolve o mal mais empedrado.

O Senegal *versus* a cabra

Está ameaçado pelo Sahel,
que é ameaçado pelo Saara,
que cada ano avança a savana
de perto de seiscentas braças.

Profundos exportam a ideia
de que todo o mal vem da cabra,
que avança o Saara, que avança
levado da cabra e seus mapas,

o que vale pensar que os peixes
são a espoleta das marés.
Mas penso: não seria a cabra
conduzida? ela a capaz do até,

do até último? desse até onde
onde só a cabra sobrevive?
e que por sobreviver a esse onde
é como se ela o conduzisse?

Em missão, de Dacar a Bissau

O avião-táxi me apeia em Bissau,
vindo de ambíguo mar-areia.
Apeio; já nado o ar Recife;
súbito, a gota de uma igreja!

Igreja mais extraordinária:
do fio insosso das modernas,
rente à avenida, salva-a porém
a praça que a espaldas dela.

Ali reencontrei a alma úmida
das casas de porta e janela,
de um tijolo amadurecido
à sombra-poço de mangueiras.

Os cajueiros da Guiné-Bissau

São plantados em pelotões.
Desfilam para a autoridade
que os fez plantar; são em parada,
sem o nordestino à vontade.

Os cajueiros são anarquistas,
nenhuma lei rege seus galhos
(o de Pirangi, de Natal,
é horizontal, cresceu deitado).

Como vão hoje esses cajueiros
que do seu Nordeste irredento
Salazar recrutou para a África?
Já podem dar seu mau exemplo?

Em 1980, João Cabral foi nomeado embaixador em Quito, no Equador, e a José Olympio lançou seu livro *A escola das facas*. Ficou fascinado pela paisagem dos Andes (as pedras, sempre elas) e pela resistência dos índios apesar da escassez de oxigênio. Ele nos fala sobre o Equador: "Lá no Equador existe um lugar que eles chamam 'corredor de vulcões', que é uma série de vulcões, um atrás do outro. E eu tenho uns poemas sobre viver nos Andes, falando dos vulcões de Quito — de Quito, não, do Equador".[9]

No Páramo

No páramo, passada Riobamba,
a quatro mil metros de altura,
a geografia do Chimborazo
entra em coma: está surda e muda.
A grama não é grama, é musgo;
e a luz é de lã, não de agulha:
é a luz pálida, sonolenta,
de um sol roncolho, quase lua.

O corredor de vulcões

Dá-se que um homem pouco vulcânico
habita o "Corredor dos Vulcões";
passeia entre eles, na Cordilheira,
como vaqueiro por entre os bois.

De cada lado do "Corredor"
estão deitados; morta é a oração,
é o vociferar, o deslavar-se;
hoje não são oradores, não.

Hoje são mansas fotografias,
aprenderam a ser sem berrar-se;
o tempo ensinou-lhes o silêncio,
a geometria do Cotopaxi,

que até minha janela de Quito,
com seu cone perfeito e de neve,
vem lembrar-me que a boa eloquência
é a de falar forte mas sem febre.

O índio da Cordilheira

O índio anda sempre correndo,
como se fugisse do fogo;
mas, se não faz parar o carro,
não está à procura de socorro.
Quem sabe, anda sempre correndo
para fugir do alto colosso
e descer para as poças de ar
que não pode levar no bolso.

Afogado nos Andes

I

No ar rarefeito como a vida
vai a vida do índio formiga.

A esta altura, o oxigênio raro
faz pelo avesso outro afogado.

Quem se afoga nele ou por falta
dele, é igual a boca angustiada:

os afogados submarinos
têm os gestos dos sobreandinos,

sempre que possam expressar,
com a boca ou as mãos, a falta de ar

de onde demorar não se pode:
onde a visita é a de quem foge.

2

Era do Recife esse afogando,
do ar espesso da beira-oceano,

para quem também respirar
é outra maneira de caçar:

não é um pássaro-oxigênio
que caça, é um pássaro denso,

e, muito mais do que caçar,
cabe dizer desentranhar,

que é retirar o ar das entranhas
dessa atmosfera que nos banha,

como quem no armazém de açúcar
vive no ar viscoso de fruta.

O trono da ovelha

Nos altos pés do Chimborazo
vejo a descomunal ovelha
que ele é, imóvel e deitada,

da qual cortaram a cabeça.
O cadáver (será escultura?)
daquela pacífica besta
preside, de alto pedestal,
o não da circunstância erma.

Um sono sem frestas

Nas províncias do Chimborazo
é a terra morta: se dormida,
dorme o sono de vez dos mortos
em suas celas de cantaria.
É o sono imóvel e compacto
que se dorme na anestesia,
que, por ser sem chaves, sem frestas,
perdeu o discurso de Bolívar.

Uma enorme rês deitada

Quando te viajei tão de perto
nada vi em ti, Chimborazo,
que ensine o falar dó de peito,
pré-microfones, deputado.

Assim de perto parecias
uma rês enorme e sem cabeça,
só capaz de ensinar silêncio
ou sono, o de que já cabeça.

Tão sem discurso como a pedra
é tua monstruosa ovelha,
que para remoer o silêncio
no mais alto dos Andes deita.

Cemitério na Cordilheira

Os cemitérios não têm muros,
e as tumbas sem ter quem as ordene
foram como que surpreendidas
ao arrumar-se, e de repente.
Pela Cordilheira, os carneiros
são carneiros, literalmente,
se espalham soltos, sem pastor,
sem geometrias, como a gente.

O ritmo do Chimborazo

A imensa espera da montanha:
por que ver nela algum sentido?
É só espera: o viver suspenso
de que apodreça o prometido.
A imensa espera da montanha
tem a paciência da de bicho;
é como a do homem que se empoça
na espera, e dela faz seu vício.

O Chimborazo como tribuna

É estranho como esta montanha
não deixe que nem mesmo o vento
possa cantar nos órgãos dela
ou fazer silvar seu silêncio.
Talvez seja mesmo a tribuna
que mandou reservar o tempo
para um Bolívar que condene
quem fecha a América ao fermento.

Em 1980, João Cabral foi agraciado com a Grã-Cruz da Ordem do Mérito de Guararapes, para ele a mais importante distinção que ganhou, por ser uma medalha pernambucana. Em 1981, foi nomeado embaixador em Honduras:

> Saí de Quito porque é muito alto. Um dia, olhei meus pés — eu sempre tive pés magros —, vi que eles estavam gordos. Não doíam, mas estavam inchados. Então eu pedi ao Guerreiro [Ramiro Elísio Saraiva Guerreiro], que era ministro [das Relações Exteriores], que me mandasse para outro país qualquer, à beira do mar. Ele me ofereceu a Tunísia e Honduras. Como eu tinha uma filha casada em Honduras, eu preferi Honduras, que aliás é um país delicioso.[10]

Não escreveu a respeito de Honduras. Conta a lenda, ou melhor, a minha irmã (eu não morava mais com ele, portanto não testemunhei o fato), que na sua despedida de Honduras, enquanto o staff completo da embaixada esperava na sala para despedir-se dele, disse à secretária que o encontrou no chão, brincando com um dos seus netos: "Eles podem esperar, por enquanto estou me despedindo do meu neto. Foi para estar com Isabel e com meus netos que aceitei o cargo em Honduras". Mais uma do avô João Cabral.

Ainda em 1981, a editora José Olympio lançou a antologia *Poesia crítica*. Acredito que essa antologia tenha sido importante para ele, pois, como contei anteriormente, na juventude "eu queria ser crítico, mas eu vi que não tinha experiência nem cultura para fazer crítica literária, porque é uma coisa que exige cultura".[11]

Em 1984, depois de ser agraciado com o título de doutor honoris causa pela Universidade Federal do Rio Grande do Norte, solicitou o posto de cônsul-geral no Porto (Portugal). Nesse mesmo ano, publicou pela Nova Fronteira o *Auto do frade*, sonho antigo, que acalentava desde que descobriu que ninguém sabe quem foi Frei Caneca fora de Pernambuco. Deixou isso registrado em tom entre irônico e sarcástico no poema "Frei Caneca no Rio de Janeiro":

Frei Caneca no Rio de Janeiro

Ele jamais fez por onde,
sequer desejou ser mártir.
Assim, morto, e aqui esquecido,
não é coisa que o agrave.

Talvez sentisse que o mártir
tem sempre um lado podrido
e que ser eleito mártir
vem com a mania ou o vício,

enfim, com o gosto de crer-se
já um além-mártir, messias:
neurose que não sofreu,
crioulo e enciclopedista

(o que não o salvou do martírio,
salvou-o de ver-se mártir
e trouxe-lhe a honra de ter
nome na rua de um cárcere).

Apesar de gostar muito do Porto, escreveu pouco sobre
Portugal.

Habitar uma língua

J., agora que de regresso
não a teu país, mas à mesma
língua em que te falei
íntimo de cama e mesa,
eis que aprendo, nesta paisagem
da de teu país tão diversa,
que se habita uma língua
como se fala Marselha.

Visita a São Miguel de Seide

Embora eu venha tão depois,
nesta casa-museu de Seide
(serão os fantasmas de esponja?)
senti quanto teu ser-em-sede.

(Tua casa está bem penteada,
como nunca a viste vivendo;
talvez não a conhecerias:
sobreviveu a dois incêndios.

Primeiro o teu, particular,
em que te ateavas, matinal;
depois, o que sofreu, depois
que tu morreste; foi casual?)

Ser-em-sede, ser de suicida,
ou de quem tenta não matar-se;
em nenhum lugar demoravas
e de Seide quanto viajaste.

Todo suicida mata tudo
como fizeste em teus romances
e na vida de capa e espada
que viveste, à beira do Lance.

Ficaste cego? Foi a última
gota de água desse suicida,
que matando-se deu à fala,
com os mesmos metais, outra liga.

Na cidade do Porto

Numa dessas tardes vazias,
em que só se está, não se vive,
da janela que dá para a rua,
comercial, consular e triste,

vi passar, entre as que passavam,
uma mulher de andar sevilha:
o esbelto pisar decidido
que carrega a cabeça erguida,

cabeça que é, soberana,
de quando a espiga mais se espiga,
que carrega como uma chama
negra, e apesar disso acendida,

que a mulher dali não conhece:
que é a da mulher da *calle* Feria,
que é onde as mulheres da plebe
passam com porte de duquesas.

Em 1985, lançou *Agrestes* pela editora Nova Fronteira. Em 1986, recebeu o título de doutor honoris causa pela Universidade Federal de Pernambuco, título esse que o deixou extremamente orgulhoso, por ser a universidade de seu estado natal, pois como disse certa vez, ao ser questionado se a sua simpatia pelo comunismo não o faria deixar de lado seu patriotismo: "Se o Brasil declarasse a guerra contra a União Soviética, eu lutaria pelo Brasil. Mas se o Brasil declarasse a guerra contra Pernambuco, lutaria por Pernambuco".

Em 1987, publicou pela Nova Fronteira *Crime na* calle *Relator* e recebeu a transferência para o Rio de Janeiro, depois de mais de quarenta anos servindo no exterior.

The Return of the Native

1

Como já não poderá dar-se
a volta a casa do nativo
que acabará num chão sulino
onde muito pouco assistiu,

para fingir a volta a casa
desenrola esse carretel
que sabe é de um fio de estopa
(desenrolando, vira mel).

2

Em quase tudo de que escreve,
como se ainda lá estivesse,
há um Pernambuco que nenhum
pernambucano reconhece.

Quando seu discurso é esse espaço
de que fala, de longe e velho,
o seu é um discurso arqueológico
que não está nem em Mário Melo.

3

O Pernambuco de seu bolso
(que é onde vai sua ideia de céu),
como um cão no bolso, é distinto
do que vê quem que o conviveu:

é um falar em fotografia
a quem o vive no cinema;
mesmo que tudo esteja igual,
a voz tem cheiro de alfazema.

4

Assim, é impossível de dar-se
a volta a casa do nativo.
Não acha a casa nem a rua,
e quem não morreu, dos amigos,

amadureceu noutros sóis:
não fala na mesma linguagem
e estranha que ele estranhe a esquina
em que construíram tal desastre.

O postigo

A Theodemiro Tostes,
confrade,
colega, amigo

I

Agora aos sessenta e mais anos,
quarenta e três de estar em livro,
peço licença para fechar,
com o que lestes (?), meu postigo.

Não há nisso nada de hostil:
poucos foram tão bem tratados
como o escritor dessas plaquetes
que se escreviam sem mercado.

Também, ao fechar o postigo,
não privo de nada ninguém:
não vejo fila em minha frente,
não o estou fechando contra alguém.

2

O que acontece é que escrever
é ofício dos menos tranquilos:
se pode aprender a escrever,
mas não a escrever certo livro.

Escrever jamais é sabido;
o que se escreve tem caminhos;
escrever é sempre estrear-se
e já não serve o antigo ancinho.

Escrever é sempre o inocente
escrever do primeiro livro.
Quem pode usar da experiência
numa recaída de tifo?

3

Aos sessenta, o pulso é pesado:
faz sentir alarmes de dentro.
Se o queremos forçar demais,
ele nos corta o suprimento

de ar, de tudo, e até da coragem
para enfrentar o esforço intenso
de escrever, que entretanto lembra
o de dona bordando um lenço.

Aos sessenta, o escritor adota,
para defender-se, saídas:
ou o mudo medo de escrever
ou o escrever como se mija.

4

Voltaria a abrir o postigo,
não a pedido do mercado,
se escrever não fosse de nervos,
fosse coisa de dicionários.

Viver nervos não é higiene
para quem já entrado em anos:
quem vive nesse território
só pensa em conquistar os quandos:

o tempo para ele é uma vela
que decerto algum subversivo
acendeu pelas duas pontas,
e se acaba em duplo pavio.

O poema final de seu *Agrestes*, "O postigo", serve como encerramento desta antologia. João Cabral considerava esse livro como o ponto final de sua carreira poética. Mas (ele detestaria ler isso) como o homem propõe e Deus dispõe, ainda teve fôlego para produzir *Sevilha andando* e "Andando Sevilha". Nessa época, perdeu a visão de foco por conta de uma degenerescência macular, e não pôde mais escrever. Esses dois últimos livros foram datilografados e ordenados por mim, sob sua supervisão. Quando lhe perguntei por que não continuava seu trabalho, ditando-o, respondeu-me que a sua poesia era construída e que precisava ver como seus versos se ordenavam no papel. Para ele, a poesia, pelo menos a sua, era um objeto concreto, para ser visto, não apenas ouvido.

Em 1988, foi lançada no Recife sua antologia *Poemas pernambucanos*, editada pela Fundação José Mariano e pela editora Nova Fronteira. Foi publicado também, no mesmo ano, *Museu de tudo e depois*, o segundo volume de sua obra completa pela Nova Fronteira (o primeiro volume publicado pouco antes se chamou *Serial e antes*.)

Em 1990, se aposentou como embaixador. A Nova Fronteira publicou seu livro *Sevilha andando*. Nesse ano, também foi eleito para a Academia Pernambucana de Letras.

Em 1992, representou o Brasil em Sevilha nas comemorações do Sete de Setembro que aconteceram durante a exposição do IV Centenário da Descoberta da América. No Pavilhão Brasileiro foi distribuída a antologia *Poemas sevilhanos*, numa edição especial feita pela Nova Fronteira e pelo Itamaraty. Essa foi a sua última viagem ao exterior. Viveu no Rio de Janeiro até sua morte, no dia 9 de outubro de 1999, aos 79 anos de idade, com a consciência de que "se eu não tivesse sido diplomata, minha literatura teria sido completamente diferente".

ANEXOS

Como a Europa vê a América[12]

Resposta à tese do professor Roger Bastide

Sr. presidente, meus senhores e minhas senhoras. A comunicação do professor Roger Bastide vem tão cheia de sugestões que é impossível comentá-la ponto por ponto. Permito-me, por isso, limitar-me a um aspecto de sua elaboração, aspecto, aliás, não apenas acidental, mas essencial à visão que o ilustre sociólogo nos apresenta do novo mundo.

Começa o professor Bastide por perguntar até que ponto é possível falar-se numa só Europa ou numa só América. E parece concluir que isso não é possível. Na verdade, ele examina cuidadosamente aquele "momento em que a América constitui para todas as Europas uma unidade real" (o que é já reconhecer que tal unidade não mais prevalece hoje) e, mais adiante, assinala com certa extensão a diversidade que existe entre a América Saxônica e os países da América Latina.

A observação, que desenvolve a partir da página 6, de que para o europeu de hoje existem duas Américas, é perfeitamente indiscutível. Pelo menos é inegável que diante dessas duas Américas o europeu reage de maneira diferente: não me lembra, por exemplo, haver visto diante de nenhuma embaixada brasileira ou mexicana as palavras *go home*, coisa de rotina na paisagem urbana de algumas capitais europeias. Mas, a comunicação do professor Bastide já deixa margem a reservas, desde o momento em que, ao descrever a atitude do europeu em relação a cada uma dessas Américas, parece entendê--la como sendo comum ao europeu em geral.

Pode-se dizer que, apesar de ter tido o cuidado de distinguir as Américas vistas pelos europeus, o professor Bastide desprezou as diferentes espécies de europeus que veem essas Américas. Ora, não sei até que ponto pode confundir-se a visão daqueles indivíduos que, nos países da Europa, vivem em função da supremacia econômica ou política da América Saxônica e a visão daqueles outros que sentem seus interesses prejudicados por essa mesma supremacia. Esses dois tipos de europeus veem dois objetos, duas Américas, quando olham por cima do mar Atlântico, mas jamais concordarão a respeito da cor e da significação de cada um desses dois objetos.

É verdade que o professor Bastide, ao apresentar sua descrição dessa alegada atitude comum, parece desejar obter uma média, um *compromise*, uma conciliação entre as duas visões extremas. Sua visão parece ser a de um intelectual honesto, que, por se colocar acima dos dois tipos de interesse a que me referi, pode dar uma visão isenta e objetiva da presença da América para o europeu. Uma visão também mais profunda, de intelectual, visão de quem sabe distinguir a "categoria" da "anedota", para usar a distinção de Eugênio D'Ors, ou, mesmo, para reduzir a "anedota" à "categoria".

A visão de intelectual do professor Bastide (e são de intelectuais os testemunhos que ele invoca em sua comunicação) apresenta a imagem que o europeu faz daquela parte do novo continente, isto é, da América Saxônica, como estando determinada pelo desejo de dar à Europa "a consciência de seu destino próprio", definido pelo eminente relator, poucas linhas acima desta expressão, como um destino de "humanismo", ameaçado "pelos adeptos do progresso científico, do maquinismo e da organização racional da sociedade", segundo as próprias palavras da comunicação.

Ora, é perfeitamente lícito indagar se os setores da sociedade europeia beneficiados em suas relações com esse "maquinismo desumanizador" veem com cores tão trágicas os países que o representam. E, por outro lado, cabe estranhar que certos setores da sociedade europeia, esmagados na concorrência com essa sociedade maquinista norte-americana, procurem, exatamente, emigrar para o seio dela. (Não nos devemos esquecer de que as cotas nacionais estabelecidas pelas autoridades de imigração dos Estados Unidos são sempre muito inferiores ao número de candidatos à imigração e que em todos os países da Europa, ainda hoje, pessoas esperam, anos e anos, por sua vez na fila de candidatos a receberem visto de residência das autoridades norte-americanas.)

Não é só da uniformidade de opinião dos europeus em seu julgamento das Américas que fatos como estes nos levam a duvidar. Fatos como estes nos fazem ver com reserva a tese do professor Bastide, segundo a qual a visão que o europeu tem, hoje em dia, da América Saxônica, está condicionada por uma atitude de defesa do humanismo, face ao maquinismo desumanizador.

Mas, cabe a pergunta agora: não estaria sendo a interpretação do ilustre relator, apenas, aquela média entre as atitudes extremas que indiquei um pouco acima? Tenho, para mim, que tais pontos extremos de opinião são irreconciliáveis e que, mais do que uma média que generalize a opinião do povo europeu, a interpretação do professor Bastide representa o modo de ver das camadas intermediárias da sociedade europeia, camadas que se situam entre aquelas outras cujos interesses determinam esses pontos de vista extremos. O que não é a mesma coisa: pois enquanto o estabelecimento de uma média aritmética é capaz de representar determinado conjunto (e este é um dos fundamentos da estatística), a opinião de um setor intermediário da sociedade não é forçosamente representativa dessa sociedade.

O fato de não ter o ilustre relator levado em conta a diversidade de opiniões dos diferentes setores da escala social em que se distribui o povo da Europa a respeito de cada uma das Américas, é mais de se lamentar, quando se pensa na América Latina. Não apenas por estarmos incluídos nesta mesma América Latina. Sobretudo, porque o professor Bastide parece esperar muito do perfeito entendimento entre o que se poderia chamar a velha e a nova latinidade. Não é pelo gosto da minúcia que eu desejava ver descritas as diferentes visões europeias das diferentes Américas. Talvez, unicamente, por certo desgosto do vago.

Também em relação à América Latina, o sr. professor Bastide parece distinguir uma atitude média, que seria característica do europeu de hoje. Essa atitude estaria informada por certa "solicitude nova", que é como "a ausculação de um futuro possível". Ora, acho mais problemático enquadrar como "solicitude" o motivo que faz grandes massas da população europeia acorrerem em ondas regulares aos países da América Latina. Poderia também ser qualificado como "solicitude" o motivo que provoca a vinda para a América Latina de capitais europeus?

Ainda aqui, creio que o eminente relator está tomando como opinião média do europeu a opinião daqueles mesmos setores intermediários, diversos daqueles onde se recruta o grosso dessas marés migratórias, e que, por virem em muito maior número para o nosso continente, são portadores de opiniões a nosso respeito de muito mais transcendência. Talvez a "solicitude" que aponta o professor Bastide esteja no maior intercâmbio cultural que se está, sem dúvida, verificando desde o fim da última guerra. Mas não sei até que ponto essas atividades de sala de visita ou essa cultura de salões de embaixada podem ter uma ação profunda na sociedade e na história.

Essa "solicitude" de que fala com tanto brilho o professor Bastide parece dar-se no campo cultural, mas ainda aí, sinto que não se dá num terreno amplo. Dá-se, pelo contrário, no campo restrito do intercâmbio intelectual oficial e é a ação oficial que o planeja e executa. Quero dizer que essa "solicitude", mais do que a expressão do desejo da cultura europeia de dar-se aos países da América Latina, vem a ser um simples aspecto secundário do intercâmbio protocolar existente entre governos que mantêm entre si representações diplomáticas.

A visão da América Latina que se depreende dos discursos trocados nesse intercâmbio (mais diplomático do que cultural), pode ser bela e solene. Mas não foi nas mãos desses intelectuais do intercâmbio, ou melhor, não foi nas mãos de certos profissionais do intercâmbio cultural que veio para a América a civilização europeia. Veio — e continua vindo — foi nas mãos daquelas pessoas sem capacidade de traçar perspectivas grandiosas, que vieram para cá movidas pelo interesse. Não cabe então imaginar que tenha para nós muito mais valia a visão do homem que emigra da Europa, não por ambição nem por espírito de aventura, mas simplesmente em busca de condições humanas de vida?

Que me desculpem, não só o professor Bastide, mas todos os presentes, se a um debate de "categorias" minha contribuição se limita à "anedota". Mas, gostaria de terminar com um caso, ou melhor, com uma observação que tive ocasião de fazer.

Nos meus anos de Espanha — primeira fase de minha vida na Europa —, tive oportunidade de conhecer melhor as duas classes de indivíduos: os intelectuais, com os quais convivia por força de preferências comuns, e os trabalhadores, operários e gente do campo, com os quais estava em contato diário, por força de minha função consular. Pois bem, o que pude observar foi que os intelectuais, a despeito da já longa vigência do movimento da *hispanidad* e da teoria, repetida a cada momento, de que a Espanha de hoje em dia é mais América do que Europa, não só não pareciam sentir curiosidade pela América Latina como também mostravam uma visão inteiramente falsa do que somos do lado de cá do Atlântico. Com exceção daqueles que, por força de sua atividade profissional, mostravam conhecer aspectos especiais da vida americana, a regra geral me parecia a ignorância e a indiferença por tudo quanto nos diz respeito.

Outra surpresa minha foi verificar que é em geral no intelectual, que nunca cogita de emigrar, que persiste aquela visão aventureira dos primeiros séculos do descobrimento, em que a América valia como o continente do enriquecimento rápido e da luta violenta pela existência. Em geral, o intelectual não é seduzido pela América: ele não encontra em si aptidões para participar da luta pela existência (que ele imagina em cores de *farwest*), fora do campo intelectual, nem imagina que haja possibilidade na América Latina de que venha a exercer a atividade para a qual as universidades o prepararam.

Por outro lado, uma visão muito mais realista da América Latina tive a surpresa de encontrar nos trabalhadores, candidatos à emigração para o Brasil, a quem entrevistei e dei vistos em passaportes durante anos. Pois bem, não me lembro de ter encontrado no meio de tais emigrantes qualquer atitude messiânica quanto a uma possível missão na América Latina, como, tampouco, qualquer visão ideal ou simplesmente aventureira de possíveis eldorados americanos. Encontrei, sim, uma atitude consciente, nascida de uma visão realista e informada da realidade brasileira, informada acerca de dados sobre as condições de vida no Brasil, mesmo acerca de dados considerados os menos relevantes; encontrei uma visão concreta, que a muitos pode parecer limitada e superficial, mas que existe indiscutivelmente e com a qual é indispensável contar.

Ora, a importância de termos, nós brasileiros, uma consciência exata do que é a visão desses homens parece-me indiscutível. Quando nada, porque a visão que tenham de nós deixa de ser assunto para discussões acadêmicas, porque eles vêm, de fato, concretamente, agir sobre nossa vida de latino-americanos. É uma visão que se traduz em ação, desde o momento em que penetram, como imigrantes, na vida do país. Esses homens são, em geral, os que trazem na capacidade de suas mãos os fatores que construíram a civilização europeia, e eles é que operam aquele transplantamento de que tanto se fala.

Seria demasiada impertinência pedir ao eminente professor Roger Bastide que, algum dia, reduza a "categorias" a visão que o imigrante europeu desse tipo tem da nossa América Latina?

A diversidade cultural no diálogo Norte-Sul[13]

Não creio que seja este o fórum apropriado para se discutir certos aspectos culturais no diálogo Norte-Sul — e que são seus aspectos determinantes — a saber, o lado econômico e político, como o intercâmbio comercial, o neocolonialismo, o imperialismo etc.

Creio que esta reunião, no próprio título que a define, se limita aos aspectos culturais — a diversidade — deste diálogo.

Ressalvo que a palavra diálogo não me parece a mais apropriada. Se há diálogo, é um diálogo um pouco especial em que um dos interlocutores fala muito e que só é interrompido pela intervenção ocasional dos outros interlocutores. Isso é visível no intercâmbio cultural entre o Norte e o Sul, onde este último só dispõe da palavra quando sua obra é importante demais para ser ignorada. Refiro-me principalmente à literatura, e talvez possa fazer notar quão menor número dos aqui presentes que podem falar do Sul em relação aos que podem falar do Norte.

Além disso, cumpre-me fazer notar que essa formulação Norte-Sul é por demais vaga, e não leva em consideração situações de diálogo que não são as mesmas. O diálogo Grã-Bretanha-Estados Unidos nada tem de comum, por exemplo, com o diálogo Espanha-Venezuela, França-Senegal, Portugal-Brasil, e, imagino, porque não o conheço, o diálogo entre a Holanda e suas antigas colônias.

A meu ver, a diversidade — e por que não dizer, a incompreensão nesse pseudodiálogo — sobretudo no terreno da literatura é antes de tudo uma questão de linguagem.

As línguas dos países colonizadores foram transportadas para culturas muito distintas e adaptadas para expressar realidades ainda mais diferentes.

No caso da Grã-Bretanha-Estados Unidos, pode-se dizer que essa realidade foi muito menor, pois se deu entre dois países de igual latitude, e a adaptação do inglês foi mais fácil do que entre línguas de países de zona temperada e colônias situadas na zona tropical. O mesmo não aconteceu em relação a outros países da zona temperada que tiveram que empregar sua língua para expressar uma natureza completamente diversa.

A semelhança não se dá nos primeiros séculos da colonização e só mais tarde, no século XIX, depois da Independência da América Latina e da divisão da África Tropical entre os colonizadores ingleses e franceses. Assim, conforme nos situamos nesta ou naquela fase de colonização, esse diálogo Norte-Sul teve características completamente diversas.

No caso dos colonizadores anteriores ao século XIX, estes se estabeleciam na América Latina para ficar, e embora tenha havido a mesma depredação que na África do século XIX, havia, nesses colonizadores, o interesse em criar nas colônias americanas uma outra civilização. Para isso contribuíram as dificuldades de comunicação com a metrópole que os forçaram (os colonizadores) a criar, naquelas colônias onde ficariam por muito tempo, ou definitivamente, um arremedo das sociedades de onde eram oriundos.

No século XIX, com a navegação a vapor, e no século XX, com a aviação, os colonizadores viviam de passagem, provisoriamente, e não tinham interesse em criar uma sociedade permanente nem de criá-la com a miscigenação e a colaboração do elemento humano local, isto é, colonizado.

Já antes da independência dos países da América Latina havia naquilo que eram colônias uma literatura digna de atenção (não me refiro aos livros de viagem em que os colonizadores descreviam para a metrópole a natureza dessas colônias). Os *criollos* podiam se exprimir na mesma língua da metrópole, e embora a realidade de que falavam fosse muito diferente da Espanha e de Portugal, essa literatura subsidiária da literatura dos colonizadores (pois usavam a mesma língua e as mesmas formas de literatura da metrópole) já apresentava características distintas dela, sobretudo por não encontrarem em sua tradição palavras que dissessem da natureza nova com a qual estavam confrontados.

Diverso desse fenômeno foi o que ocorreu no século XIX, com os países europeus que se instalaram na África. Não se criou uma classe de *criollos*, pois os colonizadores não estavam ali para ficar e confiaram o trabalho administrativo a outros povos, libaneses na África francesa, indianos na África inglesa. Esses, embora ali estivessem para ficar, por preconceitos raciais ou de outra ordem não se misturavam com a população local. Esta, embora tivesse aprendido o inglês e o francês, aprendera-os para fins práticos de trabalho e nunca deixaram de se entender entre eles nas centenas de línguas que usam ainda hoje as centenas de etnias em que se divide a África negra. Essas centenas de línguas africanas, que na sua maioria não são ainda línguas escritas, se continuaram com sua tradição de literatura oral, essa literatura não era entendida pelo colonizador e se restringe, ainda hoje, ao pequeno círculo de cada etnia. Se há escritores africanos na língua inglesa ou francesa, são em geral escritores que estudaram na Europa, graças a um sistema de bolsas com que os colonizadores usavam contemplar os alunos que mais se distinguissem por sua inteligência ou vocação administrativa. Por tudo isso, a literatura africana que se conhece — e a África é uma parte considerável do Sul, ou mundo subdesenvolvido — é uma literatura escrita em uma língua aprendida, e embora expresse realidades africanas, seus escritores têm uma atitude convencional, pouco renovadora, em relação à língua que escrevem.

Essa situação não existiu nos países da América Latina, cuja colonização sistemática é anterior de alguns séculos. Nestes, como já disse, sua literatura foi, a princípio, uma cópia das literaturas das metrópoles. Mas aos poucos a vida num ambiente tão distinto, cercado de coisas desconhecidas nunca expressadas anteriormente em literatura, fez com que se operassem certas transformações. Essa literatura *criolla*, feita pelos filhos dos primeiros colonizadores europeus, embora continuasse seguindo as formas dos colonizadores, já falava, usando essas formas, de uma outra realidade. E com isso muito antes de que surgisse nessa literatura *criolla* qualquer sentimento de nativismo político e de independência econômica.

Com a independência dos países da América Latina, nos princípios do século XIX, e depois de anos em que certo sentimento nativista se foi cristalizando e fazendo mais presente, surgiu uma literatura mais francamente de reação contra as metrópoles. Essa fase já não estava diretamente influenciada pela literatura dos colonizadores, mas pela influência francesa. Então já não eram os temas que eram diferentes, mas as formas, e principalmente o uso da linguagem. Pode-se dizer que a partir da independência os movimentos literários seguiram os da França, e embora chegassem aos jovens países com algumas décadas de atraso, esses movimentos passaram a coincidir com os da França, que os escritores, por reação contra a cultura das antigas metrópoles, passaram a ver a matriz de todo movimento cultural. Assim como na França, sucederam-se, no século XIX, o Romantismo, o Realismo, o Parnasianismo, o Simbolismo, na mesma ordem e com a mesma ideologia dos movimentos homônimos da França. (Nas antigas colônias espanholas, a ordem sofreu uma pequena alteração: o chamado "Modernismo" combinava Parnasianismo e Simbolismo, enquanto, no Brasil, esses movimentos eram diferenciados e até antagônicos.) Estou generalizando a partir da experiência brasileira, mas não creio que nos países americanos de língua espanhola, apesar da exceção que apontei, a evolução tenha sido essencialmente diversa.

Ora bem: há algum traço diferenciado nessas literaturas latino-americanas que as distingam dos modelos importados da França? Creio que é possível generalizar dizendo que essas literaturas são muito mais objetivas do que o subjetivismo que marcou esses movimentos na França. Decerto houve autores, principalmente poetas, marcados por esse subjetivismo. Mas a realidade, nesses países da América Latina, é, digamos, pesada demais, para não ser dela o traço preponderante. Isso é fácil de verificar principalmente no que diz respeito à linguagem. Os autores desses países recém-independentes ousaram romper os cânones da gramática das metrópoles, que ditavam leis para uma fala que não era mais a que eles falavam. Aproximaram-se muito mais do coloquial e escreveram numa língua mais próxima da que falavam, usando formas de expressão correntes no seu falar mas que, por respeito à gramática dos colonizadores, não ousavam empregar em literatura.

Está claro que essa tendência não foi exclusiva. A verdade é que houve uma cisão na literatura brasileira que continua até hoje.

De um lado, escritores que se desejam cosmopolitas ou interessados em expressar sua subjetividade e, do outro, escritores mais objetivistas que preferem expressar a realidade que os envolve e pesa sobre eles mesmo quando pensam estar fazendo uma obra de pura introspecção. Essa cisão marca a evolução da literatura brasileira e persiste até hoje, até depois da Semana de Arte Moderna de 1922, que pregava ao mesmo tempo uma linguagem mais coloquial, uma volta à realidade brasileira atual e o rompimento com todas as formas consagradas. Mas o curioso é que, se essas tendências se opõem mesmo nos escritores mais subjetivistas, se encontra um sotaque próprio que nada tem a ver com o escrever da literatura portuguesa atual.

Ora, esse maior objetivismo, essa presença maior da natureza e da realidade, forçosa em escritores em que a realidade social pervade a vida do escritor, vem a ser o principal obstáculo para que se estabeleça um diálogo Norte-Sul. Ao leitor do Norte, isto é, dos países desenvolvidos, a tendência é para apreciar a literatura do Sul pelo que ela tem de pitoresco ou de *costumbrista*, isto é, pelo que ela possui de exótico. O que essa literatura pode mostrar de novo e de profundo sobre o homem de qualquer latitude não consegue ser assimilado. O leitor do Norte conhece tais literaturas mesmo quando são traduzidas e escritas em sua própria língua, apenas ocasionalmente e por amostras esporádicas. Não integra essa literatura no corpo da literatura universal (o que para eles é a do Norte), ou melhor, na tradição das literaturas europeias.

Por esse motivo, não creio que se possa falar num diálogo cultural Norte-Sul, mas num quase monólogo dos países do Norte em que só esporadicamente um escritor do Sul consegue a palavra. Se reuniões como esta em que estamos podem se transformar num verdadeiro diálogo cultural é coisa que resta a ver. Não acredito muito que discussões de intelectuais, que nada podem influenciar no estabelecimento de um diálogo econômico e político verdadeiro, possam determinar alguma transformação no estado atual das coisas. Como dizia Auden: "A poesia não faz nada acontecer".

Henry James dizia mais ou menos que o que faz a diferença entre um escritor americano e um escritor europeu está em que o primeiro busca seu "bem" em qualquer literatura estrangeira, ao passo que o escritor europeu busca seus mestres dentro da tradição de sua própria literatura. Se James, norte-americano que escreveu numa época em que a literatura de seu país era já rica de tradição, que dizer dos países da América Latina, independentes no princípio do século XIX, e dos da África e da Ásia, independentes em meados do século XX? Nossa tradição de escritores do Sul é curta, e não creio que nossa literatura se possa desenvolver endogamicamente como as literaturas europeias. É certo que a tradição literária dos povos que foram colônias não se limita à literatura que foi feita a partir dos descobrimentos ou a partir da independência. A tradição é de toda a língua, e embora nas colônias ela se tenha modificado, também na Europa ela se modificou a partir do século XVI, e o português que hoje se escreve em Portugal está quase tão distante de Camões como o que se escreve no Brasil. Mas nessa tradição anterior aos descobrimentos do continente, se pode ser útil como forma, nada tem a dizer à situação do homem americano com outras coisas a nomear e a expressar.

Notas

1 Cf. Regina Araújo, *Vida e amores de siá Maria do Carmo*. Editora PerSe, 2013.

2 Touros sacrificados nas touradas, cujos genitais são disputados a peso de ouro, pois reza a lenda que aumentam a masculinidade e a potência de quem os consome.

3 Entrevista concedida a Bebeto Abrantes e Belisário Franca para o documentário *Recife/Sevilha: João Cabral de Melo Neto* (2003) e publicada na íntegra pela *Sibila: Revista de Poesia e Cultura* (ano 9, n. 13, 2009), de Régis Bonvicino.

4 Entrevista concedida a Ivo Barroso.

5 Entrevista concedida a Bebeto Abrantes e Belisário Franca para o documentário *Recife/Sevilha: João Cabral de Melo Neto* (2003) e publicada na íntegra pela *Sibila: Revista de Poesia e Cultura* (ano 9, n. 13, 2009), de Régis Bonvicino.

6 Idem.

7 Entrevista à *Tribuna do Norte*, 14 mar. 2011.

8 Entrevista concedida a Bebeto Abrantes e Belisário Franca para o documentário *Recife/Sevilha: João Cabral de Melo Neto* (2003) e publicada na íntegra pela *Sibila: Revista de Poesia e Cultura* (ano 9, n. 13, 2009), de Régis Bonvicino.

9 Idem.

10 Idem.

11 Idem.

12 Publicado em 1954, o texto questiona a afirmação de uma única atitude europeia com relação às Américas.

13 Tese apresentada em Barcelona, em 1990.

Bibliografia do autor

POESIA

Livros avulsos

Pedra do sono. Recife: edição do autor, 1942. [s.n.p.] Tiragem de 300 exemplares, mais 40 em papel especial.

Os três mal-amados. Revista do Brasil, Rio de Janeiro, nº 56, pp. 64--71, dez. 1943.

O engenheiro. Rio de Janeiro: Amigos da Poesia, 1945. 55 pp.

Psicologia da composição com *A fábula de Anfion* e *Antiode.* Barcelona: O Livro Inconsútil, 1947. 55 pp. Tiragem restrita, não especificada, mais 15 em papel especial.

O cão sem plumas. Barcelona: O Livro Inconsútil, 1950. 41 pp. Tiragem restrita, não especificada.

O rio ou *Relação da viagem que faz o Capibaribe de sua nascente à cidade do Recife.* São Paulo: Edição da Comissão do IV Centenário de São Paulo, 1954. [s.n.p.]

Quaderna. Lisboa: Guimarães Editores, 1960. 113 pp.

Dois parlamentos. Madri: edição do autor, 1961. [s.n.p.] Tiragem de 200 exemplares.

A educação pela pedra. Rio de Janeiro: Editora do Autor, 1966. 111 pp.

Museu de tudo. Rio de Janeiro: José Olympio, 1975. 96 pp.

A escola das facas. Rio de Janeiro: José Olympio, 1980. 94 pp.

Auto do frade. Rio de Janeiro: José Olympio, 1984. 87 pp.

Agrestes. Rio de Janeiro: Nova Fronteira, 1985. 160 pp. Além da convencional, houve tiragem de 500 exemplares em papel vergé assinados pelo autor.

Crime na calle *Relator.* Rio de Janeiro: Nova Fronteira, 1987. 82 pp.

Sevilha andando. Rio de Janeiro: Nova Fronteira, 1990. 84 pp.

Primeiros poemas. Rio de Janeiro: Faculdade de Letras da UFRJ, 1990. 46 pp. Tiragem de 500 exemplares.

Ilustrações para fotografias de Dandara. Rio de Janeiro: Alfaguara, 2011. 36 pp.

Notas sobre uma possível "A casa de farinha". Rio de Janeiro: Alfaguara, 2013.

OBRAS REUNIDAS

Poemas reunidos. Rio de Janeiro: Orfeu, 1954. 126 pp.

Duas águas. Rio de Janeiro: José Olympio, 1956. 270 pp. Inclui em primeira edição *Morte e vida severina, Paisagens com figuras* e "Uma faca só lâmina". Além da convencional, houve tiragem de 20 exemplares em papel especial.

Terceira feira. Rio de Janeiro: Editora do Autor, 1961. 214 pp. Inclui em primeira edição *Serial.*

Poesias completas. Rio de Janeiro: Sabiá, 1968. 385 pp.

Poesia completa. Lisboa: Imprensa Nacional/Casa da Moeda, 1986. 452 pp.

Museu de tudo e depois (1967-1987). Rio de Janeiro: Nova Fronteira, 1988. 339 pp.

Obra completa. Rio de Janeiro: Nova Aguilar, 1994. 836 pp. Inclui em primeira edição *Andando Sevilha.*

Serial e antes. Rio de Janeiro: Nova Fronteira, 1997. 325 pp.

A educação pela pedra e depois. Rio de Janeiro: Nova Fronteira, 1997. 385 pp.

O cão sem plumas. Rio de Janeiro: Alfaguara, 2007. 204 pp. Inclui *Pedra do sono, Os três mal-amados, O engenheiro, Psicologia da composição* e *O cão sem plumas.*

Morte e vida severina. Rio de Janeiro: Alfaguara, 2007. 176 pp. Inclui *O rio, Morte e vida severina, Paisagens com figuras* e "Uma faca só lâmina".

A educação pela pedra. Rio de Janeiro: Alfaguara, 2008. 298 pp. Inclui *Quaderna, Dois parlamentos, Serial* e *A educação pela pedra.*

Poesia completa e prosa. Rio de Janeiro: Nova Aguilar, 2008. 820 pp.

A escola das facas e *Auto do frade.* Rio de Janeiro: Alfaguara, 2008. 196 pp.

Crime na calle *Relator* e *Sevilha andando.* Rio de Janeiro: Alfaguara, 2011. 220 pp.

ANTOLOGIAS

Poemas escolhidos. Lisboa: Portugália Editora, 1963. 273 pp. Seleção de Alexandre O'Neil.

Antologia poética. Rio de Janeiro: Editora do Autor, 1965. 190 pp.

Morte e vida severina e outros poemas em voz alta. Rio de Janeiro: Editora do Autor, 1966. 153 pp.

Literatura comentada. São Paulo: Abril Educação, 1982. 112 pp. Seleção de José Fulaneti de Nadai.

Poesia crítica. Rio de Janeiro: José Olympio, 1982. 125 pp.

Melhores poemas. São Paulo: Global, 1985. 231 pp. Seleção de Antonio Carlos Secchin.

Poemas pernambucanos. Rio de Janeiro: Nova Fronteira/ Centro Cultural José Mariano, 1988. 217 pp.

Poemas sevilhanos. Rio de Janeiro: Nova Fronteira, 1992. 219 pp.

Entre o sertão e Sevilha. Rio de Janeiro: Ediouro, 1997. 109 pp. Seleção de Maura Sardinha.

O artista inconfessável. Rio de Janeiro: Alfaguara, 2007. 200 pp.

Poemas para ler na escola. Rio de Janeiro: Objetiva, 2010. 202 pp.

PROSA

Considerações sobre o poeta dormindo. Recife: Renovação, 1941. [s.n.p.]

Joan Miró. Barcelona: Editions de l'Oc, 1950. 51 pp. Tiragem de 130 exemplares. Com gravuras originais de Joan Miró.

Aniki Bobó. Recife: [s.n.], 1958. Ilustrações de Aloisio Magalhães. [s.n.p.] Tiragem de 30 exemplares.

O Arquivo das Índias e o Brasil. Rio de Janeiro: Ministério das Relações Exteriores, 1966. 779 pp. Pesquisa histórica.

Guararapes. Recife: Secretaria de Cultura e Esportes, 1981. 11 pp.

Poesia e composição. Conferência realizada na Biblioteca Municipal Mário de Andrade, de São Paulo, em 1952. Coimbra: Fenda Edições, 1982. 18 pp. Tiragem de 500 exemplares.

Ideias fixas. Rio de Janeiro: Nova Fronteira/ FBN; Mogi das Cruzes, SP: Universidade de Mogi das Cruzes, 1998. 151 pp. Organização de Félix de Athayde.

Prosa. Rio de Janeiro: Nova Fronteira, 1998. 139 pp.

Correspondência de Cabral com Bandeira e Drummond. Rio de Janeiro: Nova Fronteira/ Casa de Rui Barbosa, 2001. 319 pp. Organização de Flora Süssekind.

Bibliografia selecionada sobre o autor

ATHAYDE, Félix de. *A viagem* (*ou Itinerário intelectual que fez João Cabral de Melo Neto do racionalismo ao materialismo dialético*). Rio de Janeiro: Nova Fronteira/Fundação Biblioteca Nacional, 2000.

BARBIERI, Ivo. *Geometria da composição*. Rio de Janeiro: 7Letras, 1997.

BARBOSA, João Alexandre. *A imitação da forma: Uma leitura de João Cabral de Melo Neto*. São Paulo: Duas Cidades, 1975.

_____. *João Cabral de Melo Neto*. São Paulo: PubliFolha, 2001.

BRASIL, Assis. *Manuel e João*. Rio de Janeiro: Imago, 1990.

CAMPOS, Maria do Carmo (Org.). *João Cabral em perspectiva*. Porto Alegre: Editora da UFRGS, 1995.

CARONE, Modesto. *A poética do silêncio*. São Paulo: Perspectiva, 1979.

CASTELLO, José. *João Cabral de Melo Neto: O homem sem alma & Diário de tudo*. Rio de Janeiro: Bertrand Brasil, 2006.

COUTINHO, Edilberto. *Cabral no Recife e na memória*. Recife: Suplemento Cultural do *Diário Oficial*, 1997.

CRESPO, Angel; GÓMEZ BEDATE, Pilar. *Realidad y forma en la poesía de Cabral de Melo*. Madri: Revista de Cultura Brasileña, 1964.

ESCOREL, Lauro. *A pedra e o rio*. 2. ed. Rio de Janeiro: Academia Brasileira de Letras, 2001.

GONÇALVES, Aguinaldo. *Transição e permanência. Miró/ João Cabral: da tela ao texto*. São Paulo: Iluminuras, 1989.

LIMA, Luiz Costa. *Lira e antilira: Mário, Drummond, Cabral*. 2. ed. Rio de Janeiro: Topbooks, 1995.

LOBO, Danilo. *O poema e o quadro: O picturalismo na obra de João Cabral de Melo Neto*. Brasília: Thesaurus, 1981.

LUCAS, Fábio. *O poeta e a mídia: Carlos Drummond de Andrade e João Cabral de Melo Neto.* São Paulo: Senac, 2003.

MAMEDE, Zila. *Civil geometria: Bibliografia crítica, analítica e anotada de João Cabral de Melo Neto.* São Paulo: Livraria Nobel/Edusp, 1987.

MARTELO, Rosa Maria. *Estrutura e transposição.* Porto: Fundação Eng. António de Almeida, 1989.

NOGUEIRA, Lucila. *O cordão encarnado: Uma leitura severina.* Recife: Edições Bagaço, 2010. 2 v.

NUNES, Benedito. *João Cabral: A máquina do poema.* Brasília: Editora UnB, 2007.

_____. *João Cabral de Melo Neto.* Petrópolis: Vozes, 1971.

PEIXOTO, Marta. *Poesia com coisas: Uma leitura de João Cabral de Melo Neto.* São Paulo: Perspectiva, 1983.

PEIXOTO, Níobe Abreu. *João Cabral e o poema dramático:* Auto do frade, *poema para vozes.* São Paulo: Annablume/Fapesp, 2001.

REBUZZI, Solange. *O idioma pedra de João Cabral.* São Paulo: Perspectiva, 2010.

SAMPAIO, Maria Lúcia Pinheiro. *Processos retóricos na obra de João Cabral de Melo Neto.* São Paulo: Hucitec, 1980.

SECCHIN, Antonio Carlos. *João Cabral: A poesia do menos e outros ensaios cabralinos.* 2. ed., rev. e ampliada. Rio de Janeiro: Topbooks; São Paulo: Universidade de Mogi das Cruzes, 1999.

SENNA, Marta de. *João Cabral: Tempo e memória.* Rio de Janeiro: Antares, 1980.

SOARES, Angélica Maria Santos. *O poema, construção às avessas: Uma leitura de João Cabral de Melo Neto.* Rio de Janeiro: Tempo Brasileiro, 1978.

SOUZA, Helton Gonçalves de. *A poesia crítica de João Cabral de Melo Neto.* São Paulo: Annablume, 1999.

_____. *Dialogramas concretos: Uma leitura comparativa das poéticas de João Cabral de Melo Neto e Augusto de Campos.* São Paulo: Annablume, 2004.

TAVARES, Maria Andresen de Sousa. *Poesia e pensamento: Wallace Stevens, Francis Ponge, João Cabral de Melo Neto.* Lisboa: Caminho, 2001.

TENÓRIO, Waldecy. *A bailadora andaluza: A explosão do sagrado na poesia de João Cabral*. São Paulo: Ateliê Editorial, 1996.

VÁRIOS. *The Rigors of Necessity*. Oklahoma: World Literature Today/ The University of Oklahoma, 1992. pp. 559-678.

VÁRIOS. *Range Rede: Revista de Literatura: Dossiê João Cabral*, Rio de Janeiro, ano 1, nº 0, 1995.

VÁRIOS. *Cadernos de Literatura Brasileira: João Cabral de Melo Neto*. Rio de Janeiro: Instituto Moreira Salles, 1996.

VÁRIOS. *Paisagem tipográfica: Homenagem a João Cabral de Melo Neto*. Lisboa: Colóquio/Letras 157/158, jul.-dez. 2000.

VERNIERI, Susana. *O Capibaribe de João Cabral em* O cão sem plumas *e* O rio: Duas águas?. São Paulo: Annablume, 1999.

Relação de poemas desta coletânea

Paisagens com figuras (1956)
Campo de Tarragona
Duas paisagens
Encontro com um poeta
Fábula de Joan Brossa
Imagens em Castela
Medinaceli
Outro rio: o Ebro
Paisagem tipográfica
Volta a Pernambuco

Quaderna (1960)
De um avião
Poema(s) da cabra
Sevilha

Serial (1961)
O automobilista infundioso
Pernambucano em Málaga
Uma sevilhana pela Espanha

A educação pela pedra (1966)
Na Baixa Andaluzia
Nas covas de Baza
Nas covas de Guadix
Num monumento à aspirina
O regaço urbanizado

A escola das facas (1980)
Autobiografia de um só dia
Olinda em Paris
Pratos rasos

Museu de tudo (1975)
A doença do mundo físico
De uma praia do Atlântico
Díptico
Em Marraquech
Escultura Dogon
Estátuas jacentes
Frei Caneca no Rio de Janeiro
Habitar o *flamenco*
Habitar uma língua
Impressões da Mauritânia
Na mesquita de Fez
Num bar da *Calle* Sierpes, Sevilha
O profissional da memória
O sol no Senegal
Saudades de Berna
Túmulo de Jaime II
Viagem ao Sahel

Agrestes (1985)
A água da areia
A Giralda
A literatura como turismo
Afogado nos Andes
África & poesia
Bancos & catedrais
Cemitério na Cordilheira
Conversa em Londres, 1952
Em missão, de Dacar a Bissau
España en el corazón
Lembrança do Mali
Murilo Mendes e os rios

Na Guiné
No Páramo
O baobá como cemitério
O baobá no Senegal
O Chimborazo como tribuna
O corredor de vulcões
O índio da Cordilheira
O postigo
O ritmo do Chimborazo
O Senegal *versus* a cabra
O trono da ovelha
Os cajueiros da Guiné-Bissau
Praia ao norte de Dacar
Um sono sem frestas
Uma enorme rês deitada
Visita a São Miguel de Seide
The Return of the Native

Crime na calle *Relator* (1987)
A tartaruga de Marselha
Funeral na Inglaterra
Menino de três Engenhos
O exorcismo
O ferrageiro de Carmona

Sevilha andando (1990)
A catedral
A fábrica de tabacos
Calle Sierpes
Na cidade do Porto
O *Arenal* de Sevilha
O Museu de Belas-Artes
Padres sem paróquia
Verão de Sevilha

Ilustrações para fotografias de Dandara (2011)
Poema 5

Índice de títulos

103 A água da areia
 44 A catedral
 92 A doença do mundo físico
 41 A fábrica de tabacos
 55 A Giralda
  9 A literatura como turismo
 69 A tartaruga de Marselha
106 Afogado nos Andes
102 África & poesia
 12 Autobiografia de um só dia
 84 Bancos & catedrais
 57 *Calle* Sierpes
 27 Campo de Tarragona
109 Cemitério na Cordilheira
 32 Conversa em Londres, 1952
 18 De um avião
 98 De uma praia do Atlântico
 95 Díptico
 30 Duas paisagens
 94 Em Marraquech
104 Em missão, de Dacar a Bissau
 77 Encontro com um poeta
 99 Escultura Dogon
 85 *España en el corazón*
 82 Estátuas jacentes
 26 Fábula de Joan Brossa
111 Frei Caneca no Rio de Janeiro
 34 Funeral na Inglaterra

54 Habitar o *flamenco*
111 Habitar uma língua
75 Imagens em Castela
96 Impressões da Mauritânia
100 Lembrança do Mali
74 Medinaceli
13 Menino de três Engenhos
80 Murilo Mendes e os rios
50 Na Baixa Andaluzia
113 Na cidade do Porto
101 Na Guiné
94 Na mesquita de Fez
48 Nas covas de Baza
49 Nas covas de Guadix
105 No Páramo
53 Num bar da *Calle* Sierpes, Sevilha
91 Num monumento à aspirina
42 O *Arenal* de Sevilha
66 O automobilista infundioso
100 O baobá como cemitério
99 O baobá no Senegal
109 O Chimborazo como tribuna
105 O corredor de vulcões
87 O exorcismo
55 O ferrageiro de Carmona
106 O índio da Cordilheira
43 O Museu de Belas-Artes
115 *O postigo*
83 O profissional da memória
52 O regaço urbanizado
109 O ritmo do Chimborazo
103 O Senegal *versus* a cabra
96 O sol no Senegal
107 O trono da ovelha
68 Olinda em Paris
104 Os cajueiros da Guiné-Bissau

78 Outro rio: o Ebro
42 Padres sem paróquia
29 Paisagem tipográfica
51 Pernambucano em Málaga
97 Poema 5
58 Poema(s) da cabra
101 Praia ao norte de Dacar
45 Pratos rasos
92 Saudades de Berna
46 Sevilha
114 *The Return of the Native*
82 Túmulo de Jaime II
108 Um sono sem frestas
108 Uma enorme rês deitada
80 Uma sevilhana pela Espanha
56 Verão de Sevilha
97 Viagem ao Sahel
112 Visita a São Miguel de Seide
37 Volta a Pernambuco

ESTA OBRA FOI COMPOSTA PELA ABREU'S SYSTEM EM ADOBE GARAMOND PRO
E IMPRESSA EM OFSETE PELA LIS GRÁFICA SOBRE PAPEL PÓLEN SOFT DA SUZANO
PAPEL E CELULOSE PARA A EDITORA SCHWARCZ EM AGOSTO DE 2016

A marca FSC® é a garantia de que a madeira utilizada na fabricação do papel deste livro provém de florestas que foram gerenciadas de maneira ambientalmente correta, socialmente justa e economicamente viável, além de outras fontes de origem controlada.